AF601093

LA AGRESIVIDAD EN PSICOANÁLISIS

PROFESOR: AMELIA DÍEZ CUESTA
COORDINADOR: MIGUEL OSCAR MENASSA

(AD) AMELIA DÍEZ
(MOM) MIGUEL OSCAR MENASSA
(I) INTEGRANTES

TRANSCRIPCIÓN: CRUZ GONZÁLEZ

EDITORIAL GRUPO CERO
COLECCIÓN: PSICOANÁLISIS PARA TODOS

ISBN: 978-84-9755-000-0
Depósito Legal: M-0000-2017
Impreso en Pinares Impresores, S.L.
pinaresimpresores@telefonica.net
C/ Buen Gobernador, 24
28027 Madrid

Impreso en España

I

MOM: A algunos de ustedes todavía me falta felicitarlos, es decir, que habrá algunos a los cuales felicité y habrá algunos que habiendo hecho lo que merecía una felicitación no la recibieron. Después vemos quiénes son mejores. No vamos a estar felicitando a todo el mundo. La vida es así, la vida te hace...

No quiero que me toque, por favor, ¡ya me quiere resolver!, ¿pero qué clase de psicoanalista es que ya me quiere resolver lo que me pasa?. Si resuelve lo que me pasa no me dan más ganas de hablar, después dice "no se sabe psicoanalizar" y me pega. La verdad, la verdad a mí me gusta ser como fueron Freud, Lacan. Napoleón no, porque Napoleón era muy bajito y no me da el modelo, porque a mí me gusta ser actor del asunto.

Estoy muy preocupado por esto (mostrando la primera página de un periódico que alude a la participación de la Selección Española en 1998) "¡Veníos ya!". "Veníos ya", brutal. Y esto no es nada, pero para un psicoanalista, yo quiero que hagan un estudio ¿Empezamos el estudio o no?

I: No.

MOM: Lo hago desaparecer del mundo del fútbol, tenga cuidado, que es mucho más grande que el mundo del psicoanálisis. Clemente reúne a la selección española y les dice a los muchachos: "ustedes no tienen mente sólo tienen piernas", acto, frase dicha, pronunciada por Clemente, verdaderamente como les gusta a ustedes, de verdad por la televisión, de verdad, de verdad, declara delante de sus jugadores que se han quedado sin Clemente, es decir, en el acto de decir "los jugadores no tienen mente sólo tienen piernas" destituye a su entrenador. Entonces el mundo, el Grupo Cero, los periódicos, el psicoanálisis sumergido en el universo de las palabras le va a dar una lección a Clemente por dejar a la selección sin entrenador y sin mente.

Escuche más las palabras, “la selección española es un barco a la deriva en el océano del mundial, un toro histérico en Saint Etienne, manso de cara al gol, esquizofrénico en su superioridad”. La selección española es toda mente ¿sí o no? Este señor se llama Julián Ruiz, que es el mismo que saca este artículo que se llama la Boutique en “Marca” frente a los eventos futbolísticos. “Un toro histérico en Saint Etienne, manso de cara al gol, esquizofrénico en su superioridad”, quiere decir que con un psicólogo antes del partido hubiesen ganado 3-0 a Paraguay. No se puede privar de la mente a las personas, aunque sí dejarlas sin Clemente de entrenador. Esto es una vergüenza, alguien que se deje leer así es vergonzoso, yo si fuera el Estado no querría tener nada que ver con un señor al que se lo puede leer de esa manera. Histérico ante las cámaras, mal educado, si los españoles no somos mal educados, somos gente afable, los tenistas van y hablan con todo el mundo, a éste la FIFA le ordenó que viera a los periodistas. Él dice, no quiero ver a los periodistas, la FIFA le dice no, usted tiene que respetar el protocolo, puede insultar a la prensa si quiere. Toda gente mal enseñada. Todos, los jugadores Argentinos se pelearon con la prensa también ¿saben lo que hicieron? Peor, son locos, no más conferencias de prensa, entonces como vieron que había sanción si no más conferencias de prensa, dijeron “conferencia de prensa pero tenemos que estar los 22 jugadores”. No me van a decir que no van mostrando los síntomas, por lo menos de cada población que significa cada equipo. Además Iñaki Gabilondo me parece en una revista deportiva, decía que si ganaba ayer, Clemente iba a decir que los periodistas eran unos tontos. Hacía estas reflexiones porque él pensaba que Clemente no armaba el equipo como para ganar el partido, sino que armaba el equipo en contra del equipo que armarían los periodistas, una lectura que me parece sensacional. No sé si Iñaki Gabilondo u otro parecido a él, decía que como armaba el equipo para pelearse con los periodistas, si Clemente gana y le gana a Paraguay, entonces Clemente va a decir que superó el complot que los periodistas le tendían. A mí me parece conmovedor que se juegue tanto en un deporte tan estúpido como es el fútbol que además, al haber tanto dinero de por medio, si algún atractivo tenía lo irá perdiendo, a menos que la gente cambie la concepción del dinero, pero la gente no va a cambiar. La gente no va a cambiar quiere decir, por ejemplo, todos los clubes lucharon para que se les dejara contratar cuatro extranjeros, 5 extranjeros, 6, 7, que si uno quería armar el equipo con 6 extranjeros, que se los dejara. Una vez que consiguieron la ley, como la ley no se puede regular, no tiene regulación la ley, la ley se establece y después hay que reglamentarla, en cuanto sale la ley van y se compran en lugar de los 5-6 que usan, 30-40-50, como mercancía. Entonces un jugador como cualquiera, está en el banquillo y a veces ni siquiera está en el banquillo, son jugadores de renombre cuyas cláusulas valen mil millones de pesetas, dos mil millones de pesetas, cuatro mil millones de pesetas. Hicieron de la ley que era para que armaras un mejor equipo, hicieron mercancía. Hay uno que tiene 34 jugadores que no juegan, cinco en mi puesto dijo uno, uno que metió tres goles el otro día, dijo: en España me compraron y había cinco que podían ocupar mi puesto, estuvo un año sin jugar, le pagaron todos los meses y después lo vendieron a no sé dónde. Espero que no hagan eso con nosotros, bueno con usted, no conmigo.

AD: Que me compren, me usen y no me utilicen fuera de aquí, porque esos futbolistas son producidos en algún lugar como grandes futbolistas.

MOM: Que ya debe de estar atacado el lugar mismo donde se producen los futbolistas, a veces está atacado el lugar mismo donde se producen los psicoanalistas, no que el psicoanalista en el hospital hace un fallido sobre la técnica o sobre la transferencia o el método o lo que fuera, sino que eso puede estar mostrando una falla en el lugar donde se producen los psicoanalistas.

AD: Que un paciente te puede contratar para no psicoanalizarse, para tenerte de prestigio. Decir me psicoanalizo.

MOM: Pero yo tendría que preguntarme si quiero vivir de eso.

AD: Ah, ya.

MOM: Por eso que yo digo "el psicoanálisis es interminable" pero el psicoanalista se puede terminar. Cuando un psicoanalista se lava las manos por un caso no quiere decir que se haya terminado, se terminó el psicoanalista. Me contratan para no psicoanalizarse, bueno.

AD: Pero es él que se deja contratar.

MOM: A menos que sea tan fuerte lo que nos pasa que yo no me dé cuenta, que nadie se dé cuenta, que no se den cuenta en supervisión, entonces pasan 2, 3, 4 años hasta que algo estalla y nos damos cuenta todos y eso fue el tratamiento psicoanalítico de esa persona. Tampoco voy a andar mandando a prisión a quien no haga como se me ocurrió hace dos meses. No se puede hacer eso, no se puede. Cómo que es bella, cómo que es bella, usted ayer me juró que la belleza no existía...

AD: Si hay un psicoanalista es inevitable psicoanalizarse.

MOM: Dicen eso, pero vaya a saber si no hay un paso más, que eso sólo les ocurre a quienes son capaces de creer que existe una teoría que sea capaz de decir eso. Por eso que la teoría no está en los libros.

AD: Pero si uno no se hace sujeto de esa teoría, no le pasa.

MOM: No hay teoría.

AD: No le afecta esa teoría.

MOM: Yo por ejemplo estoy en este grupo, lamenté tanto lo del avión de la vez pasada, qué barbaridad. Yo estaba seguro que llegaba en malas condiciones el sábado a las 7 de la mañana, que dormía dos o tres horitas y que venía, y no, fue al otro día, pasó eso pero al otro día. Yo vengo aquí porque quiero psicoanalizar un problema que tengo, si no no vendría. Por ahí alguno de ustedes viene aquí a estudiar, gente que no tiene nada que psicoanalizar. Yo siento que tengo algo, que yo siento que todavía me meto con la gente, pero ya en el pensamiento, yo estoy haciendo algo y alguien me pone caras raras, porque fea no se puede decir, raras, pero raras qué es, que no le veo la misma cara que le veía ayer, que la veía contenta. Ya es un problema porque ya tengo que empezar a pensar, entonces, ella no tenía la cara o soy yo el que le veía la cara, total, por eso que sólo se puede confiar en las palabras, entonces, al otro que está enfrente con esa cara o lo hago hablar o nunca sabré de quién fue ese gesto. Después soy un escritor y digo "la vi con el rictus", pero es mentira, la teoría que estamos practicando dice, yo nunca sabré a menos que ella lo mencionara de alguna manera, de alguna manera no, hablando.

AD: Regla que le deja adelantarse en una intencionalidad ciega a todo otro fin que su liberación de un mal, o de su ignorancia.

MOM: No, si estudiar de vez en cuando hace bien, que parece que uno nunca estudia pero bueno. Tengo que daros una noticia para que os comportéis más seriamente. El primer fascículo "Ciencia y Verdad" está en imprenta en Buenos Aires, a la gente de Buenos Aires le ha encantado y lo ha mandado a imprenta tal cual estaba, así que transcriptores, correctores y docentes y por supuesto es un curso que se les está dando a los psicoanalistas, que son ustedes los psicoanalistas, se tienen que comportar a la altura, es decir, no darse cuenta que yo les dije que esto iba a publicarse. Lo del samurái, no es que yo agarraba y les contaba el cuentito del samurái que había aprendido de Lacan porque era muy bonito y venía el samurái y te cortaba la pichicha, no, no era por eso. Yo les doy la noticia de vuestra consagración y ustedes se hacen los osos, hacen de cuenta que no se van a consagrar nunca y el que se equivoca, no hay consagración, por eso que la consagración tarda en llegar, no porque no haya sido otorgada, sino porque ustedes se han creído que había consagración, por eso es que no fueron consagrados.

Las palabras religiosas son bravas, "la consagración", adquieren cuerpo y alma quería decir, porque el asunto era que las religiones unificaron por eso que tuvieron más poder, porque dijeron "es pecado lo que pasa en el cuerpo y es pecado lo que pasa en el alma, pero hete aquí la cuestión, si es pecado, es goce lo que pasa en el cuerpo y es goce lo que pasa en el alma, con lo cual se metieron en un lío que sólo vendría a resolver el psicoanálisis, no sé si se entiende.

El "no sé si entienden" estaría dirigido a pequeños párvulos piojosos que nunca han leído ni el diario, ni el periódico. Ustedes tendrán que considerar que yo siento en mi decir una especie de desprecio por ustedes, los considero inferiores en eso que dije, qué le voy a hacer. Bueno, de la misma manera, cuando ustedes no hablan, hay alguien que los lee. Dije bien, cuando usted no habla hay alguien que la lee o qué se cree, porque el problema del silencioso es que el tipo cree de verdad que está ocultando algo, ese es el problema mental, porque si el tipo se quedara callado sin necesidad de sentir que está ocultando algo, por ahí no sería tan loco, pero no, es loco, cuando sería bárbaro, por ejemplo que dijeran: 335.000 pesetas, para mostrar que están desubicados, les pasa lo mismo que a la selección, están fuera del puesto que tienen que ocupar, porque no es que esté mal que yo cuando el otro me está hablando de psicoanálisis, me escape por las palabras del otro y haga conjunciones y termine tomando una naranjada en el bar de enfrente sentado en el café mientras me está hablando de lo que me está pasando. La poca capacidad de los sujetos psíquicos a sostener la psiquis, por eso que ya cuando hablamos del encuadre, dijimos que estábamos contra toda sistematización de los encuentros.

AD: En contra de hacerlo un ceremonial, un ritual, y a favor de los principios éticos que rigen el encuentro.

MOM: A ver, eso no lo entendí "a favor de los principios éticos que rigen el encuentro", por favor.

AD: Que es diferente concebirlo como un encuadre espacial, a concebirlo bajo los principios de la ciencia que lo rige, porque los principios éticos es de la ética del psicoanálisis, con las condiciones de posibilidad de que ese encuentro sea. Sólo es si está regido por los principios del psicoanálisis.

MOM: ¿Nosotros estamos de acuerdo? No sé si se pregunta así, no sé si debería ser así, ¿en los principios del psicoanálisis?, o sería necesario que todos aquellos que quisiéramos dedicarnos al psicoanálisis en lugar de estar programando, que sí se tiene que programar, porque la historia de la Institución lo necesita, el famoso Congreso de Medicina y Psicoanálisis donde van a mover cielo y tierra y qué sé yo, ¿no tendrían que estar preparando un encuentro, más allá de que vengo y te doy la ética y el seminario de la ética, sino ver cuáles son los principios del psicoanálisis, cuáles son. Son pensamientos, no es que haya que hacerlo. De golpe pensé si era necesario pensar cómo debería ser el psicoanálisis.

AD: El psicoanálisis pensó, ya es un pensamiento acerca de eso, si ya uno lo quiere pensar, lo quiere hacer atrapable, lo convierte en una manera de él. Pero la transmisión o la formación de un psicoanalista tendría que pasar por mostrar, mostrarse y ahí uno podría leer qué principios lo rigen, cómo concibe el psicoanálisis, en realidad la formación tendría que pasar, me pregunto, por una transformación de su concepción de la formación.

MOM: Sí y del propio psicoanálisis.

AD: Que se forma a partir de uno de los principios. Los principios del psicoanálisis, psicoanalizarse es una de sus condiciones de posibilidad, pero psicoanalizarse no es sólo el psicoanálisis personal, porque si pensáramos que el psicoanálisis solamente es lo que uno hace con el psicoanalista que ha contratado, es ritualizarlo.

MOM: Esto es un principio ético, ¿entendimos?, también podría pasar que uno no entienda cual es el principio ético, no que no tenga ganas de respetarlo. Porque el mismo principio ético enunciado dice que no se puede respetar de ninguna otra manera que en el deseo del candidato de mantener su propio psicoanálisis, por eso que es un concepto lábil, es un principio que depende del deseo del candidato de serlo.

I: Si es ética del deseo, tiene que ser así.

MOM: Está bien, pero no es...

AD: Ética sobre el deseo.

I: Sobre el deseo no etéreo, uno puesto a ser transmitido. El psicoanálisis ya pensó, pero después se juega en cada sujeto, si no el psicoanálisis no pensó.

AD: Para ese sujeto no pensó. Pero yo escuchaba como que marcaban una diferencia: para psicoanalizarse es suficiente el deseo del analista, para formarse es necesario el deseo del candidato.

MOM: Sí, lo sigo pensando.

I: Sigue siendo del deseo pero tiene que estar implicado de otra manera el sujeto.

MOM: Y si algún cirujano me lo va a permitir alguna vez, pasa lo mismo con la cirugía, es diferente el día que me toca operar a un psicoanalizado mío, es decir a un discípulo en cirugía, que el día que opero las cuatro o cinco operaciones que hago, también ahí es diferente. Esa frialdad que me permite no equivocarme nunca aunque el paciente desee lo contrario, cuando me ocurre con el discípulo le corto la carótida si el tipo desea que le corte la carótida. Ves como hace falta el deseo del practicante para que el cirujano tenga maestría, es decir si no hay una cierta elaboración de la envidia del candidato, no hay candidato.

I: En medicina hablan del síndrome del recomendado.

MOM: A ver explíquenos.

I: Cuando se le manda a un colega, un familiar, un amigo íntimo, ahí suele haber algún tipo de problema.

MOM: Bueno, el primero de todos es que no sabe si le tengo que cobrar o no le tengo que cobrar, es el primer problema.

I: Me acordé de otra cosa, eso se escucha con frecuencia en el hospital pero me acordé de otra cosa que decía Marañón, que cuando un médico está enfermo va primero al colega más sabio, al más reconocido, cuando el otro le dice que tiene una enfermedad grave va bajando de categoría, para que el último le diga que no tiene nada, por lo que decía del deseo del candidato.

AD: Yo también entendí que el deseo del candidato puede hacer que un maestro del psicoanálisis sea un maestro o no lo sea, que pueda transformar...

MOM: Si usted quiere reducir nuestra relación a eso.

AD: Pero si la prioridad es mi análisis y no mi formación, claro que mi formación es mi análisis.

MOM: Vamos a poner los puntos sobre las íes.

AD: Me voy a alejar de mí.

MOM: Usted podrá hacer en su condición de candidata, que yo no sea su maestro.

AD: Un maestro.

MOM: Su maestro, o un maestro para usted, perdóneme, el suyo particular en esa neurosis que usted tiene, quería decir yo (que me voy a olvidar y se va a joder), me olvidé, bueno el asunto es que usted está loca sabe por qué.

AD: Sí.

MOM: Porque yo soy un maestro genial, ahí está, no sé si me entienden. Porque si no usted sería una inteligente persona, como el neurótico cree, "he anulado todas las capacidades de este sujeto".

AD: Pensaba en Freud que a veces cedía, la palabra ceder de nuevo, que el análisis del candidato era prioritario, incluso le podía aceptar un desvío en su formación porque formaba parte de su análisis.

MOM: Uno ahí se comporta como un adolescente y ¿ustedes vieron cómo son los adolescentes?, cuando leíamos una novela cuando éramos adolescentes era bárbaro porque sólo después nos acordábamos al otro día de lo que nos gustaba. Nos gustaba la perversión era la perversión, nos gustaban las rositas eran las rositas, la novela después la volvíamos a leer en una época más tardía de la vida donde las cosas cambian.

AD: Y no estaba lo que yo había leído.

MOM: O no estaba lo que habíamos leído pero lo que sí había era más, había otras cosas.

AD: La parcialidad de la formación.

MOM: Que el problema no es conmigo, que el que quiere creer que el problema es conmigo está perturbando que yo pueda entender con quién es el problema.

I: Que a lo mejor era que no se entendían los principios, pero qué está jugando ahí para que uno no entienda, eso tampoco es una cuestión de inteligencia.

MOM: Claro, por eso que ahí aparece lo que se llama la afiliación, porque no se puede esperar a que cada candidato comprenda el principio, y si no, deja de ser psicoanalítica la Institución, tengo que aguantar todo el rato que sea necesario para que el candidato analice esa situación. Entonces, tiene que haber criterio de afiliación, Las 2001 Noches, cuota social, cursos, psicoanálisis, porque al fin y al cabo hay psicoanálisis que se interrumpen, toman otro cariz sólo por la formación, es un criterio de la transmisión. A mí entender criterio de la transmisión que todavía no sabemos de qué se trata exactamente porque estamos como muy a la expectativa, esperando que pase, cuando hay que darse cuenta que los únicos que lo podemos hacer pasar somos nosotros.

AD: O que nosotros estamos implicados en ese pasar.

MOM: Yo cuando la gente viene y me dice, usted consiguió tal cosa Don Menassa, consiguió tal premio, digo sí, otra vez más trabajo, porque no es que uno haciendo lo correcto consigue las cosas, sino que las cosas las consigue haciendo las cosas, no haciendo lo correcto. Las cosas se consiguen haciendo las cosas, no hago lo correcto, voy le pago a mi psicoanalista, no, voy y me psicoanalizo. Sí, la pequeña moralina que plantea el principio de la clase era porque estábamos haciendo el warming de los norteamericanos, porque la verdad me parece que ahí al psicoanalista le tendría que importar un carajo si el paciente viene a pagar para acallar los destinos de su mente, para comprar al ropavejero, para peinarle el culo a su abuela.

AD: Es pagar el acto.

MOM: Exactamente, si me paga, porque como yo considero que sólo me constituye como psicoanalista, no que crea sino que me pague, porque eso es lo que piensa la Institución a la cual pertenezco, entonces se acabó, ninguna moralina. Además, si yo realmente estoy en la cuestión, termina haciendo otra cosa de lo que me viene a proponer, nada más que por la moral de mi cuestión, por la fortaleza de mi cuestión. Bueno tenemos el claro ejemplo, aunque el psicoanalista sea más chiquito que el paciente, el claro ejemplo de ayer entre la selección española y la selección paraguaya, donde una selección más pequeña porque sólo le tocaba esperar, jugó mejor que una selección que era mejor, la española, porque le tocaba por ley atacar, brutal... Darse cuenta cuál es la frase, la frase hubiese sido que después del partido con Nigeria, todos los periódicos, y durante diez días, hubiesen repetido hasta el partido de ayer "Paraguay nos va a romper el culo", "Paraguay nos va a ganar", no "le vamos a ganar a Paraguay", justo al revés, justo la frase al revés y de esa manera tal vez hubiésemos conseguido ganarle a Paraguay, pero claro viste ¿cuándo viene la interpretación? Dr. Menassa le vamos a pagar para que haga la interpretación después que empatamos, y bueno, ese es el psicoanálisis. Yo antes no puedo hacer la interpretación. Qué creen que soy adivino. Yo en la boleta que jugué al quinigol le puse que España empataba 0 a 0, acerté, que España ganaba 1 a 0, que España empataba 1 a 1, que Paraguay ganaba 2 a 1, que España empataba 2-2 y que España ganaba 3-2, es decir que puse todos los resultados, yo estaba indeciso, no sabía, antes de que pasara yo no sabía qué iba a pasar, entonces cómo se lo voy a interpretar, pero una vez que pasó, ahí está. Hubo presunción, presuntuoso le dicen, esquizofrénico de la superioridad, es presuntuoso, porque claro la sorpresa es cuando el otro por nosotros supuesto presuntuoso, acomete la realidad y hace lo que estuvo presuponiendo.

La formación del psicoanalista requiere una organización económicamente muy poderosa y después requiere algo muy difícil de conseguir, que a medida que voy creciendo, en lugar de cagar a los que no van creciendo, me voy transformando como en un mecenas que paga la formación de otros candidatos. Hay como un doble momento de superación o elaboración o transgresión de las leyes de la envidia. No sólo crezco para que algún maestro o a quien quiera atribuirse una muesca en su revólver por haber bajado a un personaje más, ven que supero una envidia ahí, le doy a mis profesores la alegría de tener un alumno verdaderamente notable, digo "estos fueron mis profesores", pero después supero la envidia por los más jóvenes, por aquellos a los cuales les va a resultar siempre, de cualquier manera, más fácil que a mí el camino a recorrer ¿por qué? Porque está "mí", y si no está "mí", quiere decir que no está tal cual el psicoanalista formado.

AD: Claro ser mecenas de la formación de los siguientes es trabajar para la Institución, hacer que la dimensión que a mí me permitió formarme permanezca en el tiempo para que otros se formen.

MOM: Se puede llamar así, pero también se podría decir, un psicoanalista que cumpliendo todos los requisitos de formación del Grupo Cero, utilizara todo ese saber, todo ese cúmulo energético para producir fuera de la Institución hasta otra Institución, ese podría ser otro camino de esa energía, lo que sí es verdad es que se produce una energía.

AD: Que haga algo para que otros puedan acceder a ese lugar.

MOM: No hay un psicoanalista que se niegue a dar lo que recibió, no hay, si esa es la practicidad de la dimensión social.

AD: La única posibilidad de tenerla, si no lo doy no lo tengo, si no lo pongo en juego.

MOM: El texto de hoy es eso, o aparece un grado de civilización en el sujeto o no hubo psicoanálisis.

AD: Identificación y sublimación.

I: ¿Civilización por lo de superar la envidia?

MOM: Bueno, ese es un grado de civilización. Lo que quería mostrar era que el modo más barato para un psicoanalista es entrar en una cadena de transmisión, el modo más barato de civilizarse de un psicoanalista es entrar en una cadena de transmisión, donde cuando es joven hace lo que hacen los jóvenes, cuando madura hace lo que hacen la gente madura y cuando envejece hace lo que hacen los viejos ¿no puede hacer eso? y bueno, no puede pertenecer a esa comunidad, o adornado, porque el Grupo Cero es muy adornador, o rinde cuentas de esa situación, psicoanaliza la situación, escribe sobre la situación, produce dinero con la nueva situación, porque si no produce dinero no puede.

AD: No hay ni situación.

MOM: Si usted me dice yo quiero fundar la academia de lengua de los países búlgaros... Uy, Bulgaria es nuestro próximo rival. No se crean que me olvido de Argentina es que jugó un mal partido, estaban nerviosos los muchachos.

AD: Sólo ganaron.

MOM: Sólo ganaron, estoy destrozado. Pero ya este domingo me van a dar una esperanza, la próxima vez que nos veamos, en cuartos Yugoslavia, Alemania, Holanda y Bélgica, todos esos pierden hoy.

Hay algo que dentro de tanta libertad, es una tiranía, eso es comprensible. En este sistema que estamos generando hay algo que es una tiranía, claro, si no te psicoanalizas con algún psicoanalista, si no auténticamente reconocido, por lo menos reconocido de la Escuela, no puedes ni hablar, pero es una invariante del sistema, es lo que no queremos que varíe, ¿para qué?, para que haya candidatos que después quieran variar cualquier cosa es necesario que algo no se modifique y creo que es una medida sana, que también las medidas saludables los Estados las toman por ley y eso no se puede violar. Y es verdad que la Institución no puede garantizar la salud mental de todos los psicoanalistas de la Institución, pero no es que tenga que garantizar ninguna salud mental de ningún psicoanalista para que el otro pueda psicoanalizar, que la salud mental de un psicoanalista si un psicoanalista está en formación no existe, existe la formación. Lo que pasa es que hay que estar en formación, que cada uno tiene que encontrar qué es estar en formación, nada más. Evidentemente habrá equivocaciones, habrá errores, que se pagarán con la moneda más barata, un poco de dinero, una sesión más, mira te equivocaste mil veces y ahora tienes que pagar un 30% de aumento, pero bueno tampoco es tan grave cómo se pagan los errores. Es una muy buena lectura de por qué yo al final me gasto más dinero que usted, me gasto más dinero que usted porque cometí más errores que usted.

AD: Tuvo la oportunidad de cometer más errores.

MOM: ¿Paga poco? No cometiste ningún error, poco habrás aprendido... Les traía esto, porque en un diario de Buenos Aires, "El Clarín", dice: Medios en la calle. Las "2001 Noches" publicación sobre poesía, aforismos y frescores lanzó el nº 15 con 75.000 ejemplares, informa del teléfono, etc. A ver si podemos entenderlo, para que saliera esa línea ahí pusimos todos 40.000 pesetas, pero eso no es lo más grave, lo más grave es que ahora por haber salido la línea tenemos que seguir poniendo las 40.000 pesetas. No es que pagamos 40.000 pesetas, por ejemplo tomando a una sola persona, no es que la línea esa me haya costado las 40 y las 40 del mes pasado 80.000 sino que esa línea me va a costar 400, 800, 2 millones de pesetas cada integrante. Bueno, si entiendo eso, si acepto eso como manera de caminar, lo primero que aparece con claridad es que cuestiono otras maneras de caminar. Aunque yo diga, como dice Clemente, yo nunca me ocupo del contrario, siempre me ocupo de mi equipo.

A mi entender lo que estoy diciendo es que es una cosa propia del psicoanálisis que no se pueda consolidar el movimiento psicoanalítico internacional. Una cosa propia del psicoanálisis porque en cualquier otra disciplina, tanto como en el psicoanálisis, yo puedo equivocarme en la selección del personal, en cualquier disciplina, pero cuando me equivoco en haber elegido a quien elegí, en los primeros trabajos y en el modo en que el otro va cometiendo los errores, lo despido o continúo. En cambio el psicoanálisis no tiene esa posibilidad, no importa qué error comete el otro, no hay errores que le incapacitan, es brutal. Bueno, cuando no pago no quiero esa libertad. Es la única ley, yo vuelvo a insistir, a Pichón Rivière le preguntan en 1956 cuál es la contraindicación, o cuáles eran las contraindicaciones para realizar o no el psicoanálisis, Pichón Rivière contesta que no lo paguen, que no le paguen al psicoanalista, porque él ya pensaba que se podría hacer por la Seguridad Social el psicoanálisis, que no le paguen al psicoanalista.

AD: Que no sea un trabajo.

MOM: Que no sea un trabajo, exactamente, claro porque en lugar de generar psicoanálisis lo que genero son otras cosas. Tengo que estar bajo un régimen distinto del paciente, a ver si pueden entender esta dimensión del dinero, cuando el paciente me paga, a fin de mes cuando el paciente paga, bueno esa es la cosa normal, cuando el paciente paga ahí el psicoanalista soy yo y las historias son las historias del paciente, sólo ahí, si no cómo hago para saber cuáles son mis historias y las historias del paciente, si el paciente no me paga.

I: Si no soy un trabajador, ¿qué soy? Soy un altruista...

MOM: Ojalá, si la contrata como psicoanalista uno de los candidatos al psicoanálisis, por ejemplo, vaya a saber si llega a la categoría de altruista.

I: ¿Por qué no le hago un bien?

I: Que también el pagar le permite al que paga llevarse algo de lo que dice pedir, como que el cobrar los honorarios es un bien para el que paga.

MOM: Estamos interpretando la imposibilidad del psicoanalista de darse cuenta de que el pago es un fundamento teórico, que no es algo que se pueda negociar, si el paciente no paga no puede haber teoría psicoanalítica, hay otra cosa.

I: Pero eso no es una cosa propia del psicoanálisis.

MOM: A ver, explíqueme, por ahí en el psicoanálisis es más...

I: A quién se le ocurre pensar que puede ir a un concesionario a comprarse un coche y no pagar, a quién se le ocurre contratar el recibo de la luz y no pagar a final de mes.

MOM: A un loco, lo que pasa es que el psicoanálisis trata a locos.

AD: Es un poco diferente también.

MOM: A un neurótico, a un estafador, el psicoanálisis trata a esa gente, estafadores mentirosos.

I: Sí, pero esos señores contratan el recibo de la luz, esos señores van a comprar el pan.

MOM: Pero así como tú lo dices, no quieres entender que pagar es ley, pagar es ley porque no es que pago porque el otro trabaja, no, es que no puedo desarrollar el discurso, que es lo que se me impone para que la práctica sea. No es que tengo que pagar como se pagan los ladrillos, porque en los ladrillos puedo hacer estafa, en el psicoanálisis hay una dependencia de significantes, por eso que termina no funcionando, cuando yo me quiero apartar de esas reglas que impone el significante no puedo, parece que triunfara pero no, no triunfo sobre el significante, triunfo a veces sobre alguna persona, sobre el significante no se puede triunfar. Fundamento teórico porque hay un concepto que es el concepto de transferencia que es lo único que está fuera de la transferencia. Por lo tanto, lo del dinero tiene que ser ley porque si no el desarrollo de la transferencia impediría que los pacientes pagaran el tratamiento y los buenos pacientes que pagan el tratamiento, lo pagan porque saben que es ley, porque si no no se podría sostener ninguna de las otras reglas, ¿por qué?, porque todo lo que va a acontecer será transferencia, ves que es el único momento donde el analista sale de la transferencia, el paciente le paga, toma el dinero, es el analista, no es el pelo en el culo de la abuela, ni la caída estrepitosa en el vacío de una vocal.

I: El dinero posibilita la puesta en acto de la transferencia.

MOM: El dinero es lo que posibilita que el psicoanalista soporte el concepto de transferencia, precisamente en el momento del pago, por ejemplo, usted trabajando para el Estado, para la municipalidad, eso es muy interesante, vio que la municipalidad a veces tarda dos meses, a veces tres, a veces cuatro, a veces seis, bueno cuando pasan muchos meses, hay una zozobra en el terapeuta, hay una zozobra en el psicoanalista, porque no sabe cuáles son sus historias, cuando viene después la municipalidad y paga tres meses seguidos, además juntos, se ilumina todo.

AD: Me discrimino de todos los pacientes, porque si no no sé quién es quién.

MOM: Me discrimino de los pacientes, pasa, además tiene que ser tenido en cuenta y tiene que ser supervisado porque pasa, pasa, por eso que Pichón Rivière decía, no el paciente pero alguien tiene que pagar, alguien tiene que recordarle al psicoanalista cada tanto, usted es el psicoanalista. Entonces, cuando no me pagas no quieres que yo sea el psicoanalista, mira qué claro que está ahí.

AD: En la tercera tesis sobre la agresividad, plantea Lacan una cuestión acerca de que, no se puede atribuir al diálogo lo característico del psicoanálisis, no es exactamente el diálogo lo característico, y como está hablando de la agresividad, dice que tampoco el diálogo es una cuestión que elimine el elemento de la agresividad en juego. Ya en Sócrates, habíamos dicho, se mostraba cómo en el Diálogo de la República Trasímaco sale totalmente enloquecido de un diálogo, o sea que no es nada pacificador, por eso la pregunta de si en el psicoanálisis hablamos de diálogo ¿qué virtud le añadió Freud? y dice, que al paciente se le propone una regla donde debe hablar sin intención, tiene que adelantarse en una intencionalidad ciega, o sea, tiene que hablar ciegamente, sin considerar que tiene que hablar para quitarse ningún mal, ni siquiera para conocer algo, para salvarse de una ignorancia.

MOM: Cuando usted se psicoanalice con la intencionalidad ciega de sus pulsiones, es decir, cuando usted se psicoanalice con pulsión, para no solucionar nada.

AD: Ciega a todo otro fin que su liberación de un mal o de una ignorancia, de la que no conoce ni siquiera sus límites. Cuando uno habla, en esa dimensión donde hablar es demandar y donde uno llega a ser determinado por su hablar, porque habla queda determinado como sujeto hablante, no que si habla con intención de curarse y habla de su mal, es que sea verdadera esa intención. Por eso que en otra de las tesis va a diferenciar el fenómeno de la agresividad o subjetividad de la intención y la noción de una tendencia a la agresión, dice que se da un salto de la fenomenología a la metapsicología, por eso que se puede decir que es por esta cuestión que vamos descubriendo paradojas del psicoanálisis, es decir, que descubrimos en el ser humano un exhibicionismo de su sufrimiento, que lo más llamativo es la existencia de la reacción terapéutica negativa, lo más llamativo es que el ser humano no tolera el bien ni el éxito, que no tolera ser liberado por otro que no sea él.

MOM: Es un pajero automático.

AD: Que por la cuestión de que la formación de su yo se producía por medio de una identificación hay una reacción hostil correlativa a esa formación de su yo, por eso que la agresividad se va a situar a nivel del yo, dice también de parte del analista que tener la intención de ser prudente es agresividad por parte del psicoanalista.

MOM: Creo que hay algo que se me puede escapar, creo que hay algo que no puedo decir, estoy presuponiendo y no estoy seguro de mis fines, no estoy seguro de poder estar en la función.

AD: Como si fuese uno el que estuviera en la función.

MOM: A ver, a ver, corríjame.

AD: Porque es la función la que me sostiene como psicoanalista, no soy yo la que sostiene a la función, a veces hay un intento por parte del analista de cuidar la transferencia de mis pacientes, de tal paciente, en realidad cuidar la transferencia es cuidar mi formación, mi posición en el psicoanálisis, en tanto la transferencia es el corazón del psicoanálisis.

MOM: ¿La transferencia es?

AD: El corazón del psicoanálisis. Sin transferencia no se puede hablar de psicoanálisis, en ese sentido. El psicoanálisis nos enseña los resortes agresivos en toda situación, donde aparentemente no se manifiesta ningún tipo de fenómeno agresivo.

MOM: Para que vea que yo la detuve porque usted utilizando la frase de Freud la cambia, porque Freud dice el desplazamiento, es decir la transferencia, es el corazón de la condensación, y usted dice la transferencia es el corazón del psicoanálisis, como metáfora.

AD: Como método, como ciencia.

MOM: De todo lo que dijiste a mí me tocó eso, que estamos condenados, yo soy peor que ustedes a veces, en el sentido racionalista, dije pero antes de que yo interrumpiera con todo eso ¿qué decía? Me importa un carajo lo que decía, no era para mí, no era hoy, porque a veces les pasa a ustedes lo que me está pasando a mí, y agarran y le dicen, a ver por qué no me lee más fuerte la frase anterior o el cómo. Una cosa es que el paciente me lo haga, pero si ya lo hago con todos los pacientes tengo que pensar que es un defecto, cuando no escuché es porque no tenía que escuchar, eso es lo que está pasando.

AD: Claro, es la noción de formación reactiva, Freud nos dice que en realidad en toda acción filantrópica o caritativa hay un resorte agresivo, incluso dice que por ejemplo la homosexualidad se genera en la agresividad que me producen las personas de mi propio sexo.

MOM: En la rivalidad, no tolero.

AD: Y la resuelvo de una manera, libidinizándolo, pero en realidad la base es una fuerte rivalidad, una fuerte agresividad.

I: ¿Y en la heterosexualidad no está la agresividad en la base?

AD: En toda constitución humana, no, no, en la heterosexualidad no. No, en la formación del yo, no, porque la heterosexualidad no tiene que ver con el objeto, la heterosexualidad no es con un hombre o una mujer, la heterosexualidad puede ser con un objeto del mismo sexo o un objeto de distinto sexo, no es a nivel del objeto, cuando queda fijado el objeto, o sea, el objeto tiene que ser contingente, en una relación el objeto no tiene que ser porque sea un hombre o sea una mujer que sea mi objeto, yo no soy heterosexual porque mi objeto sea de diferente sexo.

I: Pero eso es en la heterosexualidad mítica, pero en la heterosexualidad donde es neurosis la estructura.

AD: No, no, en ningún sujeto sexuado el elemento, el objeto, tiene que ser del orden de lo necesario, cuando en la homosexualidad mi objeto queda fijado como necesario, como siempre de mi propio sexo, ahí ha habido una operación. No ha habido, está habiéndola constantemente.

I: Pero tú dices que ahí en la base está la agresividad.

AD: No en la base, es la agresividad.

I: Pero libidinizada, si no...

AD: La pulsión no deja de ser pulsión, la pulsión no es ni agresiva ni no agresiva, cuando en la pulsión el objeto queda fijado, no es contingente, no es que lo rodeo. Cuando el objeto tiene que ser algo, es mío, es mi problema, no opera la sublimación, opera sólo la identificación, estoy fijado en la identificación y eso es agresividad. La agresividad es un resorte que acompaña a toda identificación, pero es que yo con mi objeto sexual no me identifico, sublimo, entonces si yo necesito que siempre sea una patata, una chica rubia, me da igual, homosexualidad es cualquier cosa que necesito.

I: No entendía lo que decías.

AD: Es que no hay constante identificación en la heterosexualidad, hay sublimación, además yo no comparaba la homosexualidad respecto a la heterosexualidad, eso la has puesto tú. Yo he dicho que en la situación donde el objeto sexual tiene que tener unas características determinadas y cuando acontece que las características sean que sea un objeto del mismo sexo, está en juego la agresividad, constantemente, dice hay una cuestión de identificación permanente, no puedo...

I: Ir más allá.

AD: Saber que mi pareja no es el otro, mi ser sexuado no depende de que el otro sea hombre o mujer, luego mi problema es con la agresividad que no ha podido ser rectificada, tengo un problema edípico. Edípico, no que tengo un problema con mi papá o con mi mamá, si no que ha habido, en la identificación que vimos el otro día donde se forma el yo, lo que se forma es el yo, el objeto y el prójimo, se forma esa tríada y la única manera de entrar en el juego del deseo es que yo voy a desear el objeto del otro, hay un objeto, un sujeto desea un objeto y yo voy a entrar en la relación por medio de desear el objeto que el otro desea. Porque se desean deseos no se desean objetos, pero ahí coincido en que deseo ese objeto y eso se tiene que resolver en el sentido de separado, prójimo, objeto y yo. El Complejo de Edipo viene a poner distancia entre esos tres, a que nunca se confundan, entonces si yo ese trío lo reduzco a objeto y yo y además el objeto tiene que tener mis características, porque no soporto que haya un otro igual que yo en el mundo, no tolero los semejantes, estoy en constante agresividad con el otro. Hay una cuestión en El Yo y el Ello que Freud plantea acerca de la transformación del odio en amor y del amor en odio y pone dos ejemplos. Primero elimina todo ejemplo donde un amor se transforma en odio por unas cuestiones coyunturales, porque hay la realidad trabajando para eso, si una persona se enamora de otra y la maltrata mucho termina no amándola, o una persona está mucho tiempo con otra persona y al principio le caía mal, si la trata muy bien y hace muchas cosas por ella, puede terminar amándola. Eliminemos esas situaciones donde no son relevantes, pero trabajemos dos cuestiones de transformación de amor en odio y de odio en amor. Una es la psicosis donde siempre el amor se transforma en odio y otra es la homosexualidad donde siempre el odio se transforma en amor, o sea que además está formalizado por Freud como una cosa relevante y de no resolución. En ambos es una cuestión en la identificación. Identificación y sublimación son dos pasos necesarios en la constitución del ser humano. El complejo de Edipo es sublimación, la formación del yo es identificación, también siempre está en juego la identificación en la sublimación. La identificación está en juego constantemente, pero tiene que ser acompañada de esa rectificación que es esa puesta en distancia de los elementos en juego. Él explica la transformación de amor en odio en la psicosis, en la paranoia de autopunición como paradigma, y la transformación del odio en amor en la homosexualidad como del nivel del resorte de la agresividad. Es para que veamos que tiene la misma significación, el temor fantasmático, la ira, la tristeza activa y la fatiga psicasténica, esas cuatro cosas son lo mismo. Cuando uno dice ¡qué triste estoy!, en realidad no es que esté triste, está agresivo, pero tiene una irresolución de la agresividad, el pobre hombre ni siquiera está agresivo, está más que agresivo.

I: O sea que se juega de manera diferente entre neurosis, perversión y psicosis ahí, esa transformación donde la agresividad sería, en ese sentido, decía, heterosexual, cuando pregunté si era la heterosexualidad quedaba como separada la neurosis...

AD: Es que un homosexual no es no heterosexual, una persona homosexual...

I: En el sentido de perversión, ahora lo intenté pensar, cuando traes lo del yo y el ello, en la psicosis y en la perversión, está la cuestión.

AD: Eso es un ejemplo, no lo reduzcas ahora todo a que eso está ahí, que la homosexualidad no está fuera de la heterosexualidad, la homosexualidad sólo es en heterosexualidad, primera regla.

I: Como no hay perversión sin algún fondo de neurosis, en ese sentido.

AD: No, no, no, no hay perversión sin sujeto, sin sujeto sexuado, no, no, la neurosis no es que sea, yo no creo que todo el mundo sea neurótico, psicótico o perverso, yo creo que hay un sujeto en análisis, la construcción de un sujeto, no tiene por qué ser un neurótico, yo no creo que la neurosis dé fuerza como se dijo ayer en una clase ni la psicosis, creo que es el trabajo lo que hace que las cosas se realicen, yo creo que puede haber un sujeto sano, que salud no es ser normal o anormal, salud es una posición en el lenguaje, en el mundo, donde no quede categorizado todo de bueno y de malo o de esto es de una manera y esto es de otra. Son ejemplos de donde reside, de que uno no se quede con el fenómeno de agresividad y entonces eso es agresividad.

I: Que no es un fenómeno la agresividad, eso sería una agresión.

AD: Una intención, es pulsional, es una intención.

I: No es ningún fenómeno.

AD: Pero no es una intención, la intención se lee, fíjate donde, en una cosa amorosa con el otro sexo podemos ver la intención agresiva.

I: Como en el altruismo.

AD: En un delirio, o en el altruismo, o en un delirio persecutorio...

I: Hay amor.

AD: Hay agresividad. No, no hay amor. Hemos dicho que había acontecido la transmutación de amor en odio pero no quiere decir que haya amor ni odio, es que no hay amor sin odio ni odio sin amor, lo que hay es agresividad. Agresividad quiere decir que todavía no sé quién soy yo y quien es el otro, agresividad quiere decir que todavía el paso ese de formación del yo no ha acontecido, está en permanente acontecer.

MOM: Y más cuando existe el pedido que el otro me forme.

AD: Ahí ya la agresividad es máxima.

I: Es que van juntos.

AD: Dice que en estado de formación de un analista, se juega la agresividad constantemente.

I: Se juega permanentemente la fase del espejo.

AD: Porque estoy en estado constante de formación y encima en la

Escuela de Psicoanálisis Grupo Cero que se dice que la formación es interminable, se dice que la agresividad es interminable.

MOM: ¿De qué se ríe usted?

AD: No, me reía de otras escuelas que dicen que van a hacer personas no agresivas cuando eso es parte del crecimiento, por eso digo no vamos a decir ahora que unos sí y otros no, no se trata de eso, pongo el ejemplo de donde reside y además no se puede terminar con ella en el sentido de que, no es un ideal de un estado tranquilo y de autómata hecho a mano, en el sentido de cómo se juega esta cuestión tan interesante. Vuelve a acontecer en todo paso que se da, en toda transmutación de frustración libidinal, dice, a posición...

MOM: Ahora lo que yo no entiendo por qué cuando dijo "se da como aplastado" no aprovechó a insultar por ejemplo al compañero de canarias, diciendo aplatanado, por qué no aprovechó, eso es lo que no entiendo.

AD: Por qué no les incluyo, porque tengo un problema con el otro y el prójimo, no he resuelto mi agresividad, no he resuelto no que no haya terminado, resolverla no es terminar con ella sino que haya una distancia.

MOM: Si usted pone tantos reparos teóricos a mi sonrisa, va a terminar con mi sonrisa.

AD: Por eso que los psicoanalistas que no toleran la transferencia negativa, que es uno de los elementos en juego, la transferencia imaginaria de los pacientes, tienen que dar un paso, les resulta muy doloroso trabajar.

MOM: Una de las cosas que no se toleran es el grado de libertad que otorga el psicoanálisis, bueno, evidentemente hay que plantear qué libertad...

AD: Claro, porque el resorte de la agresividad a nivel del cuerpo propio y que quede ahí constreñido es una libertad, estás preso de esa situación, no tienes ningún tipo de libertad, en cambio que te haga habitar el lenguaje, y donde el cuerpo propio sea un significante más...

MOM: Yo tengo que agradecer al psicoanálisis que me haya permitido darme cuenta que yo no tengo ninguna libertad, que en realidad la libertad la tiene el lenguaje.

I: Es un sometimiento imaginario, se podría decir, el psicoanálisis.

MOM: Sí, que usted no tiene ninguna libertad, que lo que tiene libertad es el sistema en el cual usted se incluye para hablar, por ejemplo en este caso la Escuela de Psicoanálisis Grupo Cero, el significante.

AD: La libertad es que lo imaginario no es ningún sometimiento. El sometimiento es creer que lo imaginario es sometimiento, cada vez que quiero someter a las cosas, a las palabras también puedo no darme libertad para habitar el lenguaje, si yo pienso es...

I: Eso en un sujeto psicoanalizado porque si no, la ideología te somete a muerte.

MOM: Yo lo que quiero que ustedes vean es que cada vez que queremos bajar de lo que ustedes llamarían teoría y realidad siempre rozamos el dinero, porque para que lo imaginario no sea sometimiento, usted tiene que estar pagando su psicoanálisis, porque si deja de pagar su psicoanálisis, lo imaginario te somete.

AD: No es ninguna libertad.

MOM: Siempre cuando bajamos la teoría a la realidad, siempre está el dinero, pero entonces ojo, el dinero es concepto en psicoanálisis, porque ahí donde nosotros lo decimos que se produce la teoría en la realidad clínica, cada vez que bajamos a ella, aparece la condición del dinero para que sea posible la operación, si no no es posible la operación, yo diría más, lo que pasa cuando el que se psicoanaliza no paga, no es transferencia, es cualquier cosa. Ves que es fundamento teórico, pago para librar a mi psicoanalista de la función, pero pagar es también poner en funcionamiento el concepto de transferencia, es decir poner en funcionamiento el psicoanálisis, si no es otra cosa lo que pasa.

AD: Claro, pensar que el compromiso me da libertad es paradojal, que pagar me da libertad, que decidir que hago una lectura científica en lugar de una lectura ingenua me da libertad, sin embargo me ha restringido, la lectura científica es más restringida, parece menos libre y me da libertad, la lectura ingenua me somete a mi ideología, porque tú decías que la ideología no te da libertad, pero es que es diferente tener una ideología de lector científico que tener una ideología de lector ingenuo.

I: Claro no es lo mismo tener la ideología interpretada en cuanto a inconsciente que no tenerla interpretada.

AD: Y no solamente interpretada, tener una u otra.

I: Bueno, la posibilidad de tener una u otra aparece ahí, antes no hay ninguna posibilidad de tener otra que la que tienes, te somete a muerte.

AD: No, pero ese sentido que te da el psicoanálisis de que la restricción, los límites, te dan libertad.

MOM: Es una afirmación, lo que dijo usted es una afirmación, es que sin psicoanálisis no hay posibilidad de transformación ideológica.

I: Hubiera triunfado la revolución rusa si no.

AD: Con algún trabajito.

MOM: No, a mí no me cabe duda que si el candidato pone en análisis su ideología ésta se transforma, lo que no sé es si los candidatos ponen en el diván su ideología.

I: Uno después elige, una vez que está interpretada puede elegir.

AD: Claro, porque saberlo no es suficiente, saber que el psicoanálisis transforma la ideología no es poner en juego mi ideología y dejar que el psicoanálisis la transforme, la diferencia entre un conocimiento y un análisis.

II

AD: La noción de agresividad como tensión correlativa de la estructura narcisista en el devenir del sujeto, cosa que empieza con la formación del yo y ya es permanente. En el mundo siempre va a estar entre todos, el propio cuerpo.

MOM: Hay una cosa que se puede generalizar en la lectura. Por ejemplo el hombre, el sujeto no puede ser sin el desarrollo del narcisismo, no hay desarrollo del narcisismo como tal narcisismo sin agresividad, es como si se fueran concatenando cosas generales acerca de todos los funcionamientos. Como si se fueran estableciendo leyes generales de funcionamiento, claro no hay enfermedades narcisísticas, para decirlo de alguna manera, es el narcisismo interviniendo cada vez que acontece el sujeto o que quiere acontecer, o que se lo hace acontecer.

AD: Cada vez que se implica el sujeto, actúa su tendencia a la agresividad, por eso que tiene que saber arreglárselas con su tendencia a la agresividad, no terminar con ella, porque no se puede terminar con ella, los que intentan terminar con ella son los neuróticos, por ejemplo que hacen un síntoma, Lacan pone el ejemplo de los síntomas histéricos, el ejemplo de la astasia-abasia o la parálisis de algunas histéricas. Cuando es un síntoma histérico, parece ser que son muy fáciles de solucionar, aparentemente, porque tienen la característica de transformarse en otro, no porque sea más fácil curar una histeria que una neurosis obsesiva, porque ya hemos dicho desde el principio que no se trataba de curar, acuérdense de cuando yo le he querido curar el síntoma de la silla al Dr. Menassa y el Dr. Menassa me ha dicho que si lo quiero reparar no le dejo psicoanalizarse. No se trata de quitarle los síntomas, al paciente, eso no es curar, sino que sepa arreglárselas con su tendencia a la agresividad sin necesidad de hacer síntomas.

MOM: Es fundamental esa frase, esa "sin necesidad", porque si no no traería ninguna novedad el psicoanálisis, trae la novedad de que no me voy a ocupar del síntoma porque el síntoma es una necesidad del sujeto tal cual me lo está planteando el sujeto, entonces no puede prescindir de eso. Tengo que dejar, en la relación transferencial, o si ustedes quieren, en la producción de la transferencia, que se haga innecesario el síntoma.

AD: Claro porque lo que marcábamos es que ahí hay una tendencia a la agresividad, en el síntoma. Como no puedo solucionar la existencia de otros y no puedo sin otros, me las arreglo solo, hago un síntoma.

I: Dentro de lo que has dicho del significante y del deseo, el síntoma ya es otra cosa.

AD: Es lo mismo, siempre es una articulación significante, lo que pasa es que es una articulación significante coyuntural, de solución individual, lo que pasa es que si concibo el psicoanálisis sin teoría del significante, concibo el psicoanálisis de otra manera. La teoría del significante nos permite acercarnos más a cómo Freud concibió el psicoanálisis que cuando trabajaban mucho lo instintual, en lugar del significante. Porque trabajar el significante es trabajar lo pulsional. Pero hubo una época donde el psicoanálisis se transformó en una cosa de reparación, creían que la determinación venía del pasado y entonces se intentaba reparar el pasado, llenar las lagunas, resolver los traumas, cuando sabemos que la determinación viene del futuro, es après-coup, es retroactivamente que hay transformación, que no existe el pasado, que hay que construirlo y que se construye desde el presente.

También si uno piensa desde la teoría del significante la noción de agresividad, la piensa de una manera y si la piensa como un fenómeno la piensa de otra. Por eso, hemos dado un paso, hemos dicho no es la fenomenología de la agresividad, sino la tendencia a la agresividad, la cual no se manifiesta como agresión, sólo a veces, sería la forma más simple la que se manifiesta como agresión. Hay una tensión agresiva, tendencia agresiva como tensión, que no se puede evitar, que es algo irresoluble, irreductible, que sólo se puede solucionar entre otros, si acepto a los otros, que sólo en la rectificación edípica, la sublimación edípica me viene a solventar esa tensión, que se relativice la tensión, que forme parte de una cuestión, de la producción de un sujeto, no que esa tensión sea el protagonista de la producción de un sujeto, que siempre esa tensión sea lo dominante. Es como cuando Freud descubre que ante el displacer el Yo detiene todo crecimiento, toda situación, toda relación, que si se deja a la tiranía del displacer no da un solo paso, esas cosas que a veces dice, uno en seguida "no me gusta", "es que no sé si me va a gustar", "es que tal vez no me guste", todo para detener. El displacer siempre está presente, siempre hay algo que no le gusta a uno, si se dejase dirigir por ese "no me gusta" no haría nada. Esto es igual, si te dejas dirigir por la tensión agresiva trabajarías para esa tensión agresiva, pero Lacan discrimina para que vayamos viendo como es diferente una solución o una tensión agresiva en la histeria, en ese síntoma de la astasia-abasia, o en una neurosis obsesiva. La histeria lo soluciona somatizando el cuerpo, lo soluciona por conversión, en cambio el neurótico obsesivo hace todo para rodear la tensión agresiva y hacer como que no tiene tensión agresiva, camufla, desplaza, niega, divide, amortigua la tendencia agresiva, todo lo que sea, hasta hace un despliegue defensivo que a veces dice Freud, ante un sólo enemigo saca todo el ejército, cuando lo podría solucionar con una conversación o con sólo un arma, saca el ejército completo para demostrar que él no tiene intención agresiva, al final queda relevante, exageradamente mostrada, que es una escenificación de la agresividad.

La realización de la falta fálica es la que va a relativizar o la que va a civilizar esa tensión agresiva, o sea que se trata más bien de simbolizar el espacio, porque si no lo simboliza y vive en el espacio imaginario, le pasan estas cuestiones. Tiene que simbolizar el objeto, el sujeto y el prójimo, esa sería una dimensión temporal. Otra dimensión temporal es la angustia, una dimensión temporal de la tensión agresiva, a no ser que forme parte de la constitución del sujeto donde ya no es la angustia como síntoma, como padecimiento. Entonces la agresividad es la tendencia de un modo de identificación, esa que determina la estructura formal del yo del hombre. Diferenciar la fenomenología de la metapsicología es dar un paso hacia el psicoanálisis, esa cuestión que habíamos marcado, que el temor fantasmático, la ira, la tristeza activa y la fatiga psicasténica, tengan la misma significación, llama la atención.

I: Perdón, activa ¿qué quiere decir?

AD: Tristeza manifiesta.

I: Explícita.

AD: Manifiesta, si ya es interpretada es otra cosa. Fatiga psicasténica es sin motivo, esa de la mañana que justo cuando uno ha descansando es cuando está más cansado. Y cómo no, a falta de una clasificación de variación cuantitativa, el psicoanálisis hace una fórmula de equivalencia, por eso dice que son equivalentes esas cuatro cuestiones y para eso busca la noción de libido.

También habíamos dicho que está en la constitución delirante, el acto agresivo resuelve la cuestión delirante, se manifiesta en la psicosis paranoica. La reacción agresiva iría desde la explosión brutal cuando es inmotivada... a la gente muy beligerante. En la guerra fría, en las demostraciones de poder, en la posición interpretativa, en el que está todo el día insultando, pensando que le van a hacer daño, que le quieren hacer daño, que le quieren envenenar, que le han hecho un maleficio, que lo quieren lesionar, que quieren ocupar su lugar, que le quieren robar un secreto, o la gente beligerante que está todo el día violando, el denunciante, que todo el día quiere denunciar los hechos, llega hasta la situación jurídica, la difamación, el ataque de honor, el daño, la explotación. Sería infinita si uno fuera a clasificarlo, todas esas formas caen dentro de esta tensión agresiva. No es porque la vida a estas personas los trata peor o mejor sino porque en la tensión agresiva no hay ley, no está regulada, es como el narcisismo en sí mismo, no se trata de terminar con él sino de legislarlo. La tensión agresiva en efectos que al final hacen daño a esa persona y a muchas otras es porque no hay legislación narcisista. Además quedan afectadas tanto como el objeto.

MOM: Te pareció un concepto fuerte, digo porque tuviste necesidad de ir a arreglar los problemas del Asia Menor, yo digo le debe de haber parecido un concepto fuerte.

AD: Hasta extremos que la quinta tesis es una tesis social donde habla de cómo se ha llevado, hasta el extremo de plantearla en la sociedad occidental, por ejemplo, como necesaria para ser un buen empresario, digamos han extrapolado.

I: Un ejecutivo agresivo.

MOM: Un buen ariete como ese que no tenemos, agresivo.

AD: La lucha por el vivir, la lucha vital. Han trasladado la teoría de Darwin o la teoría de Hegel, que son las dos teorías más importantes que ha habido acerca de la agresividad, al sujeto. Cuando Darwin no era lo más importante que dijo, marcó esa cuestión que existe en el reino animal, en el reino donde no hay palabra, pero lo han trasladado, lo han convertido como algo, como un brillo, como algo accesible, algo necesario.

I: La mirada asesina de los campeones, de los ganadores, como un requisito.

AD: O decir que la guerra es la madre de todos los progresos, que sin guerra no hay progreso de la humanidad, que son necesarias.

MOM: Me puede psicoanalizar, no lo piense más, si me va a amenazar con todo eso, yo me resigno.

AD: Pero lo importante es que no tiene intención de agredir sino que es una cosa constitutiva, ya desde el nacimiento. Es de formalización de su yo, de constitución del yo, el prójimo y el objeto. Cuando el niño juega a dar palmadas, pegar a otro, no es porque le quiera pegar, aunque parece que a veces es como si le quisiera ganar, como si le quisiera destruir. Es en la constitución de los límites de su cuerpo.

Pero hay una agresividad que se manifiesta y tiene que ver con la agresividad que hablamos en psicoanálisis. La agresividad no se puede equivocar con la agresión, es la conquista de la unidad funcional de su propio cuerpo lo que está en juego, porque se constituye antes de que pueda caminar, porque si no no va a poder caminar. La percepción precoz del niño de la forma humana forma. Ya habíamos visto que el estadio del espejo daba cuenta de esta situación, cómo el sujeto se identifica primordialmente con la Gestalt visual de su propio cuerpo.

MOM: Son teorías que a veces no queremos producir del todo en nosotros por lo que nos propone. El psicoanálisis de golpe propone como la existencia de otro mundo en el mundo, no ves que ahí hay como una desconfianza, un recelo a una disciplina que me propone un mundo en el mundo.

AD: Claro, que cuando un niño pega a otro niño que diga el psicoanálisis que eso no es un acto agresivo es fuerte, cualquiera dice, pero cómo no es un acto agresivo, pero si yo lo he visto pegar al niño, sin embargo el niño dice "un niño me ha pegado".

MOM: Que el psicoanálisis protege a sus candidatos de cualquier enfermedad, menos de la prepotencia que sería creer lo que usted estaba diciendo como el ciudadano.

AD: Que la víctima siempre se identifica con el tirano, el actor con el espectador, el seducido con el seductor, que es por el proceso de identificación. Habíamos dicho que la tensión agresiva es correlativa a la identificación y la identificación está en juego siempre, es una pasión del yo donde da resultado agresivo, pero si uno lo lee como agresivo simplemente, está siendo darwiniano o hegeliano.

MOM: Que una minuciosidad, una minuciosidad en mejorar mi propio discurso también tiene como fundamento la agresividad.

AD: Para formalizar mi yo, en la intención de ampliar mis límites, los límites de mi discurso.

MOM: Cuando despliego una coma en la oración ya escrita, la saco de detrás la palabra casa y la pongo detrás de la palabra monacal, casa monacal...

AD: Freud dice que surge de ahí lo virtuoso y lo terrible, que en todo está ese soporte agresivo, en lo más sublime y en lo más horroroso.

MOM: Cuando éramos muy jovencitos nosotros confundíamos la agresividad en la sexualidad con empujones, cuando la agresividad consistía en la afirmación. La afirmación siempre es en sí mismo un hecho agresivo, o un hecho de la agresividad, entonces, que el hombre tenía que ser algo agresivo, los maestros no estaban equivocados, lo que pasa es que nosotros no teníamos claro el concepto de agresividad, que para que haya goce tiene que haber alguien que pierda goce en afirmarse, eso quería decir agresividad, y el goce que pierdo en afirmarme, esa es la agresividad. Bueno me imagino que dependerá en gran parte de la salud para un hombre esta cuestión fundamental, en el sentido de que si su interés es que la mujer desarrolle su espíritu gozoso y no sabe disfrazarse de lo que con ella goza. Que viven en un carnaval permanente y lo peor de todo es que van sin disfraz, entonces nadie los reconoce, porque sólo se reconoce a los que están disfrazados de algo. A ver si entienden, ustedes llevaron a tal extremo la libertad, que chao, dijeron "se acabó el carnaval" cuando no es así, el carnaval es permanente y sólo se reconoce a los disfrazados. Yo a veces voy a los hospitales, bueno a veces desgraciadamente es así pero a veces afortunadamente a veces voy a los hospitales, entonces los médicos, aunque los modernos se sacan las batas y qué sé yo, pero siempre tienen algo donde tú, a menos de que quieras propasarte, sabes cuáles son los médicos, y a menos que quieras propasarte en el sentido de que hay un personal de la limpieza y un médico y tú vas al personal de la limpieza y dices "usted es el médico", ahí te quisiste propasar, pero si no el hospital se encarga de que te des cuenta de quienes son los médicos, y si no quién sería el médico, si no estuviera determinado de antemano.

AD: Es cierto que es necesaria, incluso es necesaria esa tensión agresiva para entrar en el mundo del deseo. La tensión agresiva de la fundación del sujeto, esa tensión necesaria, conflictual interna al sujeto que determina el despertar de su deseo por el objeto del deseo del otro.

MOM: Bueno, algunos hombres, algunas mujeres, sólo si lo odio me puedo separar, es un gran paso simbólico decir: me voy a separar de esta persona aunque la ame por tales razones y tales motivos, la gente en general necesita odiarlo al otro para separarse.

AD: En realidad la tensión agresiva pone los límites de mi cuerpo, los límites del cuerpo del otro, si funcionara como tiene que funcionar no necesitaría ni separarme ni acercarme, estaríamos en el mundo, a veces cerca y a veces lejos.

MOM: Dejé de lado las tendencias agresivas y me cosí a tu piel.

AD: O a mi piel, a tu piel, poesía.

MOM: Usted quisiera para mí un destino mejor, pero a mí me pasó lo otro.

AD: No, yo pensé en la piel del otro, en mi piel a competir por una misma piel, en cambio si es la piel de la poesía…

MOM: Hay algo que es fundamental, que a mí me costó errores que hasta hay en escritos míos errores de una época, porque a mí había cosas que me costaba entender. Que el psicoanálisis había modificado todas las palabras, y yo digo no pero todas no puede ser, me pasaba con la palabra goce un largo tiempo, que yo veo que les pasa a ustedes, porque ustedes cuando el psicoanálisis dice: el deseo interrumpe el goce, ahí pierden la memoria, dicen: ¿cómo, está en contra del goce?, por ese empecinamiento; a mí me costaba creer que una disciplina había modificado todas las palabras, cada palabra quiere decir otra cosa de lo que nosotros suponíamos porque están en otra articulación en la que nunca habían estado. Por lo tanto cuando Freud dice, cuando el otro está muy loco usted tiene que ser muy culto por si el otro quiere identificarse, o que usted le tiene que dar algún consejo, esa palabra consejo, no es que hay que darle consejos al paciente ¿por qué?, porque el consejo de Freud era que se tenía que psicoanalizar, ese es el consejo que Freud decía que se le podía dar al paciente.

AD: Claro, dejar que te atribuya.

MOM: No era que había que aconsejar al paciente acerca de lo que tenía que hacer con su vida, no, no, no... Pero claro cien años después ya es una pedantería aconsejarle al paciente que se psicoanalice, cuando el paciente te dice que se viene a psicoanalizar o no lo sé, por ahí el pedante soy yo.

AD: También sería dejarle que te atribuya y uno tiene que estar seguro de lo que es para no confundirse con lo que el paciente le atribuye. Digo estar seguro con quién estoy aliado. El psicoanalista tendría que estar muy sostenido para permitir que el paciente lo utilice como lugar de atribución, porque ¿cómo decía? Tenía que estar muy sano para...

MOM: Y ser muy culto, por si el paciente estaba muy enfermo y necesitaba para empezar a conversar, identificarse con el psicoanalista.

AD: Que en realidad luego Freud dice que siempre es necesario eso, pasar por el proceso de identificación.

MOM: Lo importante es que está pasando, no que va a pasar, estamos dentro de una teoría de esa índole, el conocimiento no se toma de lo que estamos hablando, se toma de lo que se está produciendo por estar haciéndolo.

AD: Claro porque da cuenta de esto que está aconteciendo ahora mismo en este lugar, por eso que es tan complejo y tan difícil de discriminarse.

MOM: Por ejemplo, antes dije ahora le voy a decir al grupo "este es uno de los grupos más importantes de España", en realidad yo le había dicho a la profesora "el más importante de España" y entonces ella me dijo, cuidado con la reacción terapéutica negativa y yo le dije no, pero claro eso no es algo que uno tiene que cuidar, porque también para el psicoanalista es parte de su psicoanálisis decirle al paciente, mire usted está bien, tampoco le puedes prohibir, porque también el paciente en una transformación de su ser no hace la conducta terapéutica negativa sino que cuando el otro le dice "usted está bien" el otro dice "ah, sirve para algo esto que estoy haciendo" y en lugar de cagar encima de la mesa va y caga en el baño, pero ven que no hay sostén desde la realidad, porque la realidad tiene mil caras, la teoría tiene una sola cara que dice que la realidad tiene mil caras, pero la realidad tiene mil caras.

AD: Claro se trata de la constitución del yo, o del cuerpo, pero tiene mil maneras.

MOM: Para decirlo brutalmente, no nos podemos evadir del narcisismo en tanto construcción sistemática del sujeto, pero está muy claro que el narcisismo a unos los lleva a la eyaculación precoz, a otros a la escritura automática, a otros a la elucidación del síntoma, a otros a ser mercaderes, a otros a vender patatas, digo cual es la fantasía del grupo, que yo digo, por ahí es, querer intervenir sobre eso, querer intervenir para que haya más vendedores de patatas o más científicos o más psicoanalistas, algo así como "ya que no podemos ser todos ricos, por qué no somos todos buenos".

Esta clase que iba a salir publicada va a ser la peor de todas a menos que la arreglemos en el descanso, y el segundo tiempo matamos porque si no, perdemos 3-0.

AD: No conseguimos unidad funcional del cuerpo, bueno es una sensación.

MOM: Que yo quiero decir que tampoco es problema del psicoanálisis eso, como yo sé que la agresividad puede ser síntoma o verdad, entonces ahora quiero que en todos los seres humanos la frecuencia respiratoria sea la normal.

AD: Es un acto agresivo ese.

MOM: Del analista.

AD: Querer que eso funcione.

MOM: Sí, se pasa.

I: Sería como psicoanalizarse para abolir el inconsciente.

MOM: Sería para abolirlo o por lo menos para encontrarle sentido a las cosas que me molestan, la psicoterapia con objetivos limitados, porque hubo una especie de eso que se llamaba psicoterapia con objetivos limitados. Por ejemplo, ésta es la misteriosa escenografía en donde cada uno de nosotros, aunque no lo parezca, venimos a mostrar cuál es nuestra formación, el resto del tiempo nosotros tenemos que producir nuestra formación, por eso que es tan dificultoso, porque no basta que nos reunamos, no basta que usted reciba la información, no basta que usted discuta la información y que la interpretemos, a menos que usted produzca en el entretiempo su profesión. Lo que yo quiero decir es que el psicoanalista está atado de pies y manos, que por más que se haga el gallito, y por más que se haga el estúpido, en el sentido de la transmisión del psicoanálisis es el candidato, que se ejercita o no en una transmisión determinada, no es el transmisor el que se ejercita en una manera de transmitir.

AD: No le puede decir cómo son las cosas.

MOM: Todo lo contrario, el ejercicio en la manera de transmitir, está en que le permita al otro ver como hace para enredarse y no poder hacer lo que tanto ambiciona ¿para qué? Para poder leerlo, porque si no no se podría leer, no ven que ahí ya cambiaron de teoría ¿cómo lo voy a leer antes de que ocurra? Y lo primero que hago es intervenir para que no ocurra.

AD: Todo por un prejuicio o con cualquier excusa.

MOM: Llevado el caso concreto a la realidad de un paciente concreto yo puedo asegurar que antes de que le pase conmigo ya le está pasando, es decir, yo precisamente cuando interprete voy a constituir como pasado material que la interpretación constituye, es decir, puedo asegurar algo, no cuál va a ser la interpretación, pero puedo asegurar que si se produce el hecho psicoanalítico va a haber civilización, va a haber un sujeto que ha ganado civilización, que ha pasado de una civilización a otra civilización, por lo menos es lo que explica Freud en Psicología de las masas. Entonces es erróneo terminar con los problemas, porque no es de lo que se ocupa el psicoanálisis, terminar con los problemas es una cosa del sujeto si acaso, el psicoanálisis se ocupa de cambiar de dimensión todo lo que haces, pero no se puede entrometer en lo que haces, puede hacerte comprender la cirugía desde otra dimensión, pero no puede intervenir en que dejes o no dejes de ser cirujano. En definitiva, no es que el paciente nada se psicoanalice cuando el psicoanalista es otra cosa que un psicoanalista, si te toca un paciente que vive en su decir que está en psicoanálisis y no le importa mucho quién lo psicoanaliza, por ahí el paciente se psicoanaliza igual, cosa que yo creo que es muy difícil porque un psicoanalista que no es psicoanalista molesta, estorba.

AD: En realidad sería que la función del analista me permita tener mi propia vida, que la función del padre me permita tener hermanos, tener otros. Si es psicoanalista persona, si hay protagonismo, hay agresividad en acto, no agresividad como punto lógico que permite el proceso por el cual soy uno entre otros.

MOM: Es muy sencillo porque igual soy uno entre otros, bueno no quiero aceptar eso, es el único problema de cualquier comunidad, ser uno entre otros. Bueno yo creo que uno mismo es capaz de preguntarse por algo bonito, agradable que le dan, si será la primera vez que esta persona hace esto o yo soy una serie, soy un punto en una serie, con lo que me pierdo lo que me están dando, me identifiqué con un detective privado, bueno perdí mi vida, perdí lo que me daban.

AD: Soy un resentido.

MOM: Usted está desganada porque siente que este tiempo no lo puede arreglar, que está esperando la campana para ver si lo solucionamos ¿Viste la influencia masiva?, es mucho el fútbol, estoy pensando que estamos todos hablando de esas boludeces y no la podemos evadir, viste lo que son los medios de difusión, hay que aprenderlo. Yo ya ni siquiera veo todos los partidos, sin embargo es brutal.

AD: Hasta las guerras se paran para ver el fútbol.

MOM: Ah, es un elemento pacificador, gracias. Ya modalizó, es un elemento pacificador, no importa.

I: Hay menos consumo de Viagra.

I: Habiendo tantas piernas fuertes.

MOM: Que hay menos enfermedad.

Yo no voy a comprar esa píldora, no la voy a comprar y no la voy a comprar, pero alguno de ustedes me la podría regalar.

III

I: Yo quería saber si tiene algo que ver la cosa que se planteaba esta mañana de la homosexualidad como que se fija el objeto, con lo que dice de los momentos éstos donde se produce conocimiento paranoico, cuando habla de la película que se para, que hay una película que se para, que hay como unas escansiones ¿cómo es eso? Esta mañana parecía que ibas a hablar de eso.

AD: Que lo del objeto era respecto a la pulsión.

MOM: ¿Puedo contestar yo?

AD: Sí, sí.

MOM: Porque hay que ser tajante con ese asunto de la homosexualidad. Homosexual es porque cree que puede entrar en relación con el objeto o porque cree que puede fijar el objeto. A ver si lo entienden de una vez por todas, un hombre que tiene una relación con una mujer bajo esas características, para el psicoanálisis es un homosexual. Por eso que es un apunte –está claro que no a los homosexuales, ni a las homosexuales–, es un apunte a la homosexualidad, entonces, cada vez que petrifico el objeto soy homosexual, creo que lo que produce mi deseo, mi amor, es ese hombre, es esa mujer que están conmigo, soy homosexual. Bueno, que no es tan fácil ni tan difícil ser homosexual, que no es tan fácil como ir y tener relaciones homosexuales y ya soy homosexual y que tampoco es tan difícil, que sin tener ningún tipo de relación que me acuse, hay algo que me acusa, la fortificación que yo hago de mi libido con respecto a que considero la causa de su devenir a un objeto, que además denomino como tal, fulano de tal, mengano de cual, alto, bajo, con dos tetas, con el culo así, ahí mi locura es una locura importante, no solamente creo que mi propia libido funciona en relación a objetos sino que creo conocer cuáles son los objetos que producen el bienestar o el malestar de mi libido, para decirlo de alguna manera. A eso concretamente llamo homosexual y yo creo que tiene que ser psicoanalizado, bueno de cada cuestión de estas yo haría un simposium, a mí me gusta que la gente escriba y que exprese su punto de vista, un simposium que por supuesto después publicaría. Yo creo que así como ciertos tumores crecen al amparo del rechazo a la especie, yo creo que la homosexualidad que presenta el psicoanálisis como tal homosexualidad es un elemento contrario a la especie, por eso Freud lo considera un síntoma, lo considera una enfermedad.

Con el asunto de la agresividad también se me ocurrió una cosa, el modo de preguntar, porque si yo te traigo el ejemplo porque Freud te trae el ejemplo de que la agresividad está presente en la homosexualidad en el sentido de que hay una transformación del posible odio en amor, no estoy poniendo la homosexualidad en cuestión, para que hablemos de eso, estoy dando un ejemplo. Es decir que me hacen tomar la defensa de lo que dije, cuando en realidad yo lo que había dicho era que Freud privilegiaba de esa manera la homosexualidad, hasta ahí había dicho eso. Claro cuando el otro me pregunta por eso yo ya me hago defensor de lo que expuse, cometiendo un error, evidentemente, porque al hacerme defensor de lo que expuse ya tengo que ofrecer mis razones, ven que ya estoy fuera del tema, estoy ofreciendo mis razones en lugar de las razones de Freud o las razones de Lacan. Porque yo creo que la homosexualidad, hablando socialmente como a ustedes les gusta hablar, usted me preguntaba por esa homosexualidad, por la suya, por la de su amigo. Entonces, esa homosexualidad social es un paso a medias, es como el feminismo, es el paso correspondiente al feminismo, un fracaso, porque el asunto no era "heterosexualidad no", el asunto era, bajo estas formas de sexualidad hay algo que se reprime, hay algo que se contiene, hay algo que se fustiga, que se castiga, que se aliena, entonces es un paso intermedio. Hay una liberalización de la sexualidad sólo en apariencia, porque en esa libertad ahora pueden elegir objetos sexuales del mismo nombre, repiten las experiencias dramáticas, éticamente dramáticas de las parejas heterosexuales, por lo tanto no hubo ninguna libertad. Como en el feminismo, no hubo ninguna libertad, porque aquella libertad por la cual luchaban se la transformaron en ta-ta-ta y se quedaron sin la cuenta bancaria y sin el sexo, otra vez más, entonces no hubo liberación.

Entonces la homosexualidad en el sentido social, los grupos de lesbianas, los gays, todos maravillosos, pero es un paso intermedio, es un paso a medias, en el sentido de lo que se podría llamar una libertad sexual, porque una libertad sexual en el sentido ese que a ustedes les gusta hablar, que a mí también como les estoy mostrando me gusta hablar, una libertad sexual tiene que incluir el asunto de la natalidad, no puede haber libertad para follar si no hay libertad para procrear, porque yo no conozco a ningún hombre al que realmente le guste follar, yo sé que ustedes conocen muchos, pero yo no conozco ninguno. No, a los hombres con las mujeres les gusta tener hijos, nada más, todo el resto lo hacen para contentarlas. Ustedes creían que era al revés, ustedes creían que eran las mujeres las que perseguían al hombre para tener hijos, yo ya sabía que creían al revés, vivimos en un mundo diferente, mi amor.

Porque si el hombre aceptase algún otro tipo de relación con la mujer, no solo aquella de la especie, cambiaría el mundo. Estamos diciendo que todas las reivindicaciones fueron falsas reivindicaciones, por lo tanto el mundo no ha cambiado. Aunque usted me gobierne señora, usted me gobierna en un mundo de hombres y yo que soy un superado porque soy el dueño del mundo, puedo soportar tranquilamente que usted, que no es la dueña del mundo, lo gobierne. No va a tener más remedio que gobernarlo con las condiciones que yo impongo para que se gobierne lo que es mío. Qué lástima que les estropee el día domingo, pero...

La pregunta ingenua de nosotros cuando éramos jóvenes, o ahora decimos, mira ese hombre con ese hombre, esa mujer con esa mujer, o mira esa hembra con ese estúpido, o ese hombre tan bello con esa enana, muchas veces escuchamos y hasta nosotros somos capaces de decirlo, ven que ahí creemos, ahí pensamos como piensa Aznar.

I: Hasta ahí podíamos llegar.

MOM: Yo dije así para que tomaran conciencia del error.

I: Ha sido un golpe bajo.

MOM: Pero sin embargo lo pensamos, y ahí estamos negando que los lazos que entretejen a las personas son absolutamente inconscientes, inconscientes quiere decir más allá del alcance de cualquier tipo de racionalización, más allá del alcance de cualquier tipo de conocimiento. Entonces, para saber qué nos une tenemos que ir al diván, tenemos que ir a la escritura. Yo me estoy dando cuenta que la escritura es más de lo que el Grupo Cero dice, estoy descubriendo con el florecimiento del género epistolar en el Grupo Cero con mis viajes, que la gente se presenta de otra manera cuando me escribe, más adulta, con pensamiento propio, con elucubraciones acerca de la realidad presente, pasada y futura, es decir, más grandes. Como si hubiese algo en la escritura, más allá del conocimiento o no que el otro tenga y más allá del nivel que el otro tenga, que iguala a los que "interlocotuyen". La diferencia en la posición de los discursos, el lugar ideológico donde uno está montado, que un profesor inventa una palabra y todo el mundo se sonríe y lo felicita, si estás en el hospicio, inventas una palabra, dicen eso es un neologismo y te dan tres meses de prisión en una celda oscura, ¿se entiende? Las palabras no tienen sentido, que las palabras tienen sentido según dónde lo digo, según a quién se lo digo, cómo lo digo, en qué lugar estoy parado, a quién me dirijo. Como que las palabras en sí mismas no tienen ningún sentido, tanto es así que una frase producida en un contexto produce bienestar, y la misma frase en otro contexto produce malestar. Ejemplo, una frase del psicoanalista en la sesión produce ese bienestar de conocer, la ilusión. La misma frase del paciente dicha en la cama al novio cuando están garchando, produce otro efecto ¿se entendió el ejemplo?

I: Clarito.

MOM: El psicoanalista le interpreta "las costumbres nos separan", es decir, el fin de semana, las vacaciones, las Navidades. Es una linda interpretación dicha al paciente y el tipo va a la mujer y le dice a la noche, "las costumbres nos separan".

AD: No se - paran. No se detienen.

MOM: La pregunta ¿no sé si te contesté bien?

I: Yo tampoco, lo que quería decir era cómo se relacionaba esto con el conocimiento, si se podía matizar.

MOM: Un homosexual de estos del psicoanálisis están tan incapacitado para estudiar como un histérico, un neurótico obsesivo. Por ejemplo, para que ustedes entiendan, las mujeres generalmente llaman maricón a un cierto tipo de hombre que no tiene nada que ver con la homosexualidad, bueno pero ahí está la homosexualidad del psicoanálisis. Rara vez yo he visto a una mujer llamar marica a un hombre que mantuviera relaciones supuestamente homosexuales. Sin embargo he visto a muchas mujeres llamar marica a hombres aparentemente heterosexuales. Ese marica puesto ahí, es el homosexual del cual habla el psicoanálisis, es alguien que no está afirmado, está fuera de la ley del padre, está fuera del lenguaje, es alguien que cree que la existencia se la puede dar él mismo. Es fuerte la homosexualidad, el pensamiento homosexual es fuerte como pensamiento.

AD: Claro, está la simbolización del propio sexo y la simbolización del otro sexo. Cuando es el momento de simbolizar el otro sexo, quedo detenido ahí, no lo simbolizo, digamos son cuestiones que no son de respuesta, no es que voy a encontrar una respuesta acerca de mi sexo o acerca del otro sexo o de un sexo y de otro sexo, porque no es que uno sea de uno y otro de otro, pero en el movimiento ese donde la pregunta se inicia, dice Freud que la homosexualidad acontece en la pregunta sobre el otro sexo, es en la no solución de esa pregunta que se instala la relación. Donde no me puedo separar del otro, el otro queda ahí incluido como parte de mí, hasta extremos que Lacan dice que gozo de mi sexo en el otro, o gozo del sexo en el otro.

I: ¿Sería como que va pegado a la pregunta?

AD: Es que la pregunta es inevitable, acontece, siempre acontece porque no hay uno sin otro.

MOM: Claro, si no no habría grado de sabiduría. Hay grado de sabiduría en que la pregunta que acontece no debe ser respondida, hay tal grado de sabiduría en eso, porque la pregunta se repite incansablemente sin cesar, le dé respuesta o no le dé respuesta, pero darle respuesta genera la enfermedad, genera la neurosis, genera la perversión.

AD: En realidad el homosexual sabe porque tiene la respuesta, el otro sexo es el otro, cuando no se trata de que uno sea mío y el otro del otro, sino de simbolizar uno y otro, en cada sujeto. Cada uno tiene que saber que hay hombre y mujer, no que yo soy hombre o que soy mujer y el otro está claro que es hombre o está claro que es mujer. Por eso que a veces no es ni del otro sexo que sea el mío o en el otro, no es del orden de ser hombre o ser mujer cada uno, sino que hombre y mujer tienen que ser significantes de cada uno, no pueden estar repartidos, a mí me toca mujer y a ti hombre.

MOM: Por ejemplo en la discusión de la homosexualidad, en este tipo de conversaciones, es muy parecido a una discusión anterior sobre la represión de la cual habla el psicoanálisis y la represión social. Creo que tiene la misma equivocación, porque homosexual es en correspondencia a lo que Freud produce como heterosexual, y heterosexual no es del hombre, es del hombre y de la mujer y heterosexual es mortal, castrado.

AD: Son construcciones teóricas de contenido incierto.

MOM: Heterosexual es que la única verdad es la verdad de castración, bueno por eso que yo en uno de los escritos digo, la heterosexualidad este siglo no será posible y ustedes pensaron que yo era un asceta.

AD: Claro, cada vez que sé, soy homosexual, si yo ahora digo "soy una mujer" y estoy segura de ello, soy homosexual, si digo esa es una mujer, ese es un hombre, soy homosexual porque imaginarizo lo real. La verdad de castración también es la verdad de que hay hombre y mujer, no que unos son hombres y otros son mujeres.

MOM: Por ejemplo, manejar lo que acaba de decir Amelia mañana con el conductor del autobús.

I: Pecado mortal.

MOM: No, no, es haber caído en que creo en la existencia del otro como objeto sexual y entonces voy al conductor del autobús y le digo "yo no soy una mujer".

AD: Es lo mismo, decir "yo no soy", que decir "yo soy", cada vez que sé de lo que no se puede saber.

I: Si usted lo dice, por ahí te contesta el tipo y te mata.

AD: Es una locura decir "yo soy una mujer" y también decir "yo no soy una mujer".

MOM: Además para qué es evaluable, por ejemplo en la quinta tesis, se deja traslucir que una mujer es una mujer sólo lo pueden decir mujeres, porque él no lo dice pero dice, quién sabe lo que no es un hombre, un hombre.

AD: Es una pregunta del orden de la lógica, del conocimiento lógico, yo soy un hombre es muy complejo, Lacan se sorprende de que alguien se sorprenda, de que una persona que casi no sabe hablar pueda decir "yo soy una patata", cuando eso es del orden de lo más simple. Decir yo soy un hombre o yo soy un ser humano es una cuestión del tiempo lógico y el aserto de la certidumbre anticipada, el nivel del yo es uno y el nivel de la lógica es otro.

MOM: Es que a veces da mucha vergüenza, como a Freud, cuando se daba cuenta que el análisis tenía que ser masivo, le daba vergüenza, bueno a mí también me da vergüenza que haya cosas que tengan que modificarse aunque estén muy aceptadas en las mentes o en los libros psicoanalíticos, porque si no es como si no dejáramos progresar un pensamiento, que si el pensamiento progresa en dirección a que hay cosas que están mal hechas, hay que hacerlas de otra manera. Que no es ninguna oposición, todo lo contrario si es un pensamiento que ya nos había indicado que sobre los errores que estábamos cometiendo era donde íbamos a encontrar nuestros hallazgos y ahora no queremos reconocer los errores, bueno pues entonces no pasó nada.

AD: El que no comete errores está siempre equivocado, dice Freud.

MOM: Creer que el paciente es mío, es homosexual, creer que yo soy el que interpreta es homosexual, no querer pagar por mi formación es homosexual, porque la heterosexualidad es ahí donde me afirmo como tal cosa soy, un ser humano proveniente de macho y hembra, mortal, eso es heterosexualidad, ahí donde me afirmo en lo que soy.

AD: O el que cree que conociendo ya le ha pasado, sé cómo es esto del yo. Conozco y creo que sé, soy homosexual, perverso.

MOM: Otro tinte a la discusión, entonces se vuelve a confundir al psicoanálisis como algo que el psicoanálisis no es, después usted puede utilizar esto para hacer la guerra contra la heterosexualidad o contra la homosexualidad o contra lo que usted quiera, pero no es el pansexualismo del psicoanálisis. Para el psicoanálisis es una cosa teórica, enclavada en un procesamiento de la producción del sujeto que da síntomas, es uno de los tantos procesamientos con síntomas y que no coincide con los sexos, con los caracteres secundarios sexuales, no coincide con lo que normalmente se llama hombre o mujer para decir que la relación es homosexual aunque sea heterosexual.

AD: Es una forma de desear del neurótico, psicótico y perverso.

MOM: Bueno, si ustedes no me lo demuestran con un escrito de cien páginas, la monogamia, la monoandria son relaciones homosexuales, hasta que ustedes escriban un libro de ciento cincuenta páginas y me demuestren lo contrario.

Una tal fijación del objeto en esa situación, yo no conozco de ningún perverso que venga a mi consulta, que uno mismo sea el que padezca tan grave enfermedad no quiere decir que no deba ser investigada, que deba ser tachada de estúpida. Que son modos de fijar el crecimiento de lo posiblemente humano, es muy difícil que los sujetos entren en el procesamiento de las ciencias que se van produciendo. Entonces el psicoanálisis es una cosa difícil, ninguna disciplina teórica que yo conozca tiene tantos adeptos que jamás ejercerán esa disciplina, bueno si usted quiere el marxismo.

Las matemáticas son para los matemáticos y los mortales sufrimos lo que los tipos van inventando, a nadie se le ocurre ir a ponerse a estudiar no se qué para ver cómo se somete a la ley de los números naturales, lo acabo de decir y por ahí alguien lo quiere ir a estudiar. En cambio ahí donde los psicoanalistas abran realmente la puerta del psicoanálisis, va a haber millones de personas que quieran saber psicoanálisis, porque aunque no sea del todo verdadero, el psicoanálisis genera la ilusión de que aunque me someta a que las cosas me tienen que pasar, puede leer lo que me pasó, eso es lo que me vende el psicoanálisis. No se vayan a creer que es poco, que hay mucha gente que está dispuesta a pagar por entrar en ese mundo donde se me puede decir por qué pasaron las cosas, es verdad, con el riesgo de que primero tengo que vivirlas o practicarlas o realizarlas.

AD: Que es desde el presente que doy valor al pasado, que leo el pasado.

MOM: Sí, más claro está cuando viene a psicoanalizarse. Lo que se podría llamar la recurrencia se ve ahí donde el paciente viene a psicoanalizarse, ahí, no cuando le pegaban sino ahí, cuando viene a psicoanalizar su mundo es psíquico, ahí se produce ese mundo psíquico, no es que viene con un mundo psíquico, sino que ahí en el encuentro con el psicoanalista, ahí produce un mundo psíquico. A mí también me cuesta pensar que las cosas para el hombre sólo existen después de su nominación, pero es que de la otra manera, como a ustedes les gustaría pensarlo, a mí me cuesta mucho trabajo. Es decir, lo que propone el psicoanálisis yo no lo entiendo del todo pero la otra manera me parece una cosa delirante. Me parece que, que una montaña exista sin que yo la nombre o fuera de mi percepción o fuera de que yo la escale, me parece una cosa ridícula. El psicoanálisis dice que en este momento que yo pronuncio la palabra montaña, para mí y para algunos otros donde impacta en el imaginario existen las montañas y hasta tienen nombre y todo. Que en realidad son historias histéricas, sexuales en relación a la montaña y a una cosa grande, y la energía atómica no es otra cosa que la energía libidinal. La energía atómica y destruyeron trescientas cuarenta chabolas y dos casas grandes, pero está hablando de la energía pulsional latiendo, que es otro mundo todo el tiempo, no cuando ustedes tienen ganas al medio día de reflexionar sobre la mente, porque si no le va a pasar lo que le pasó a Clemente, estoy impresionado.

Qué maldad la maldad social, estoy impresionado de eso, que el tipo diga los jugadores no tienen mente y que la crítica más punzante es un tipo que le dice no, mira, no tienen mente, esquizofrénico, estúpido, vaca, toro histérico, todo mente, el tipo hace eso y sin que nadie lo controle, eso me impresiona, que pase eso sin que nadie lo haya guiado. Bueno ustedes tienen que estar contentos, ese es el triunfo del psicoanálisis, inconsciente, que ustedes no se pueden dar cuenta y que además no pueden cobrar por él, que todo lo que hicieron para formarse, también se hizo para un montón de personas que no estaban presentes cuando ustedes pagaban y se formaban, que no va a llevar nuestro nombre y apellido pero es nuestro eso que pasa. Hubo un cortocircuito entre el seleccionador de fútbol español y los periodistas y la resolución fue psicoanalítica, eso es imposible sin nosotros, eso no quiere decir que nos tengan que nombrar a nosotros y nos den unos chupetines de regalo.

Pero claro, un delirante sale de aquí y ya quiere ser psicoanalista de Clemente o psicoanalista de la selección de fútbol, que lo necesitaría, sí. En otros deportes se ve muy bien cuando uno mucho más pequeño en técnica y en poderío te gana, te mandan no al psicoanalista pero casi, en cualquier otro deporte que no sea el fútbol, ¿por qué en fútbol no? En fútbol es la magia del fútbol, cuando un chico le rompe el culo a un grande es la magia, el mataleones, el matagigantes, son cosas, no son cosas psíquicas. Cuando un paciente recién llegado al psicoanálisis te domina, te hace lo que quiere ¿le vas a pegar en la mano? No, el psicoanalista tiene que revisar su propio psicoanálisis, cuando uno más chico y en peores condiciones te domina, te gana, tienes que revisar tu psicoanálisis, no poner excusas en la realidad, que pasó esto, que pasó lo otro. No, no tuve cuerpo para sostener la situación, me hago responsable.

AD: Para entrar, vamos a diferenciar la cuestión de la agresividad como diferente de la tensión de culpabilidad, de la nocividad oral, de la fijación hipocondriaca y del masoquismo primordial. Esos son niveles ya diferentes de la absorción especular, diferentes de la cuestión de la formación del yo, diferentes a la alienación al propio cuerpo a la imagen del propio cuerpo. Tensión de culpabilidad o culpabilidad, oralidad, hipocondría, masoquismo. También es una tensión, tensión de culpabilidad, no es lo mismo que tensión agresiva. La culpabilidad me puede llevar a cometer un montón de desastres, pero no es agresividad, la fuente es la culpa, así como la fuente de la agresividad es la formación del yo. La culpabilidad genera otras cuestiones que no por ello sean menos aparentemente agresivas. Por ejemplo pasa a veces que cuando uno no paga se le genera una culpa que le hace hacer todo mal, entra en una cadena de desatinos, incluso puede hacerse daño y hacer daño, pero no es agresividad, es culpabilidad, es diferente, o cuando decimos delincuente por sentimiento de culpabilidad, la culpabilidad te puede llevar a la delincuencia, y la delincuencia puede ser agresiva, puede parecer agresiva, no es agresiva, es culpabilidad, es diferente.

I: Aunque el fenómeno pudiera ser agresivo.

AD: Aunque el fenómeno aparentemente pueda parecer un fenómeno agresivo.

I: Una agresión en la delincuencia, por ejemplo una violación, eso no es agresividad, eso es agresión.

MOM: Eso es agresión, que muchas veces tiene que ver con el sentimiento de culpabilidad, sobre todo en los violadores.

AD: La fuente es la culpabilidad, no la agresividad.

MOM: El hecho es agresivo.

AD: Como ejemplo pero bueno vamos a detenernos antes en, son tantas cosas...

MOM: Es que cuando estoy yo, trabajo a mis anchas.

AD: Somos tantos hoy, “somos más de uno” ya hay problemática. En el tiempo lógico, vamos a ver como es diferente, el otro me sirve para ser sujeto y a veces uno utiliza al otro para no ser sujeto. En el tiempo lógico vamos a ver esa diferencia, donde también lo que parece que hay, otros, puede ser pura apariencia y no es verdadero. Porque hay otro si lo que se genera en mí, si lo que me produce a mí es una transformación, si lo que me hace ser es sujeto, si no no hay otros. Si hay otro para utilizarlo ya es otra cuestión. En la cuestión del yo también hay dos diferencias, por ejemplo, el yo como el yo de la percepción consciencia y el yo de la negación. El "yo no soy ese del sueño", "yo no sabía que era así", el nivel del yo de la negación es el que está en juego en la agresividad.

I: Si el proceso no me produce transformación no hay otro, en eso que se decía antes de la relación homosexual, en la fijeza.

AD: No hay otro.

I: No hay otro, no hay sujeto.

AD: Claro, evito ser sujeto sexuado, porque es en el movimiento de constituirme como sexuado que decido que yo soy yo y el otro es el otro y ahí no es ni uno ni otro.

I: Quedo sujetado.

AD: Claro, estoy sujetado a esa situación para ser sexuado, creo que la relación me hace sexuado, no que ser sexuado es una posición inconsciente. Las formas de negación, las negaciones fundamentales que Freud produjo casualmente en el caso Schreber, los delirios de celos, de erotomanía y de interpretación, y en la depresión hay una cuestión que se dirime entre dos lugares, una es "no soy nada de lo que me sucede", tener esa posición es depresiva, que va acompañada generalmente de "tú no eres nada de lo que vales", "no soy nada de lo que me sucede" y "tu no eres nada de lo que vale".

I: ¡Qué sociable!

AD: Pero en realidad es un depresivo.

I: Claro, los depresivos no son sociables, para nada.

AD: Y las tres negaciones, el delirio, la erotomanía y los celos, tienen que ver con la frase "yo le amo", las transformaciones del "yo le amo". El delirio persecutorio hace una transformación a nivel del verbo, "no le amo, le odio porque me persigue" transforma amor en odio. La erotomanía es al complemento "yo no le amo a él, la amo a ella porque ella me ama". Y los celos que en el hombre es "no soy yo quien ama al hombre es ella quien lo ama" y en la mujer "no soy yo quien ama a las mujeres es él quien las ama". Contradicción al sujeto, al verbo y al complemento del "yo le amo". Son maneras de negarse a sí mismo y a los otros, la agresividad está en juego como manera de negarse a sí mismo o a los otros. La agresividad siempre es ambivalente, uno mismo y los otros y hoy en día Lacan dice, se presenta bajo la especie del resentimiento. Los celos primordiales, la situación esa ejemplar que describe San Agustín: "vi con mis propios ojos y conocí bien a un pequeñuelo presa de los celos, no hablaba todavía y ya contemplaba todo pálido y con una mirada envenenada a su hermano de leche". Coordenadas psíquicas y somáticas de la agresividad, o sea que siempre está ligada a la relación narcisística y a la formación del yo y el otro.

MOM: Esto de los celos también es muy interesante para ver el asunto ese de la homosexualidad, en el sentido de que un gran porcentaje de celos es homosexual, lo acabamos de ver, es un hombre que ama a otro hombre y que dice "no soy yo quien lo ama sino que es ella" y una mujer que dice "no soy la que la ama a ella sino que es él". Y después además el fenómeno de los celos desbarata eso, en el sentido de que las parejas homosexuales también tienen celos, bueno y ahí tenemos que suponer también que están los sexos, que no hay tal homosexualidad, que los celos en realidad es la intervención del tercero, entonces, ya cuando está el ámbito de los celos, si no son los celos delirantes, el ámbito de los celos da posición de tercero, si no no habría celos.

AD: O sea que es anterior la discordia que la armonía, la armonía edípica.

AD: Si es celosa ¿una persona o una actividad?

I: Un ejemplo.

MOM: Un ejemplo, que ella tiene muchos celos, no tanto porque tú tengas relación conmigo, sino porque estudias tanto.

I: Son interesantes los celos en las parejas de informáticos, si ella no tiene nada que ver con el ordenador tiene celos de la relación de él con el ordenador, las horas que pasa ahí.

AD: ¿Para quién pasa horas frente al ordenador? ¿Para relacionarse con quién?

I: Algo habrá en esa máquina...

AD: Pero yo no escuché en la pregunta una interpretación de los celos por las actividades, no.

I: No, preguntaba.

I: Sí se podía hablar de celos por una actividad.

MOM: Si era correcto llamarlo celos a eso o había que llamarlo de otra manera.

I: Ahí hace de tercero el piano.

MOM: No, eso yo no dije.

I: Puede ser cualquier cosa.

MOM: No, yo dije porque no es simbolizable, a ver si pueden entender, que yo ahora me vaya a escribir durante seis meses no es simbolizable, ustedes van a empezar con que tengo una novia, que tengo otro grupo, que tengo, no es simbolizable que yo abandone mis relaciones por una actividad, por una tarea.

AD: En realidad a mí me pareció que marcaba que los celos, cuando uno se pone celoso pone en juego su deseo, en cambio cuando alguien dice "tengo celos de algo" pone en juego su agresividad, deseo lo que tú deseas, es un nivel de deseo el objeto del deseo del otro. En los celos dijo que había tercero, a no ser, retiraste los celos delirantes, eso sería más envidia, los celos del ordenador, los celos de saber tocar el piano, digamos, envidio eso que al otro le completa, lo puedo nombrar como celos, le digo "tengo celos de que sepas tocar el piano", pero en realidad me fascina qué es lo que encuentra en el piano, qué completud le hace al pianista y que a mí no me completa, porque, no es del orden del deseo tocar el piano quiero decir, en cambio los celos parece que tiene que ver con el deseo de tocar el piano, o habría que averiguar en cada celos o en cada sentimiento frente a querer la relación con el ordenador...

MOM: Para ser celos, además del piano o del ordenador, tiene que aparecer otra persona, el ordenador que te regaló fulano de tal es más importante que las 14 bragas que me compré, el piano que estás tocando te lo pagó ese magnate de la poesía, hija de puta.

AD: ¿Para quién lo haces?

MOM: Si no, no son celos.

AD: Así sólo, como escena, estaría más en el resorte de la agresividad.

I: En cambio la envidia no, para la envidia no hace falta que haya otra persona.

MOM: Para la envidia no hace falta que haya otra persona, puede ser con las cosas, puede ser con la pija, con el pene puede ser la envidia.

AD: ¿Cómo?

MOM: Que la envidia puede ser con el pene, con las cosas puede ser, que no hace falta que intervenga ninguna otra persona.

AD: Claro es lo que completa, es en la situación de la agresividad, como una completud que el otro consigue con el piano o con el ordenador, o con una persona, a veces no es con una persona, es ¿por qué consigue él amar y yo no consigo amarla? A veces se plantea.

I: Por qué tú trabajas y yo me aburro en casa.

AD: Y yo me aburro, o me aburro trabajando.

MOM: Pero eso es interesante, porque esas personas creen que la sexualidad está en otro lugar.

AD: Cuando está ahí.

MOM: Cuando el tipo dice "me aburro en mi casa", "me aburro en el trabajo" es porque piensan que hay otro lugar donde está la sexualidad.

AD: Cuando su sexualidad es aburrirse, esa es su forma de sexualidad y el otro es trabajando.

MOM: La llevas al carnaval de Brasil y te hace una gripe, está catorce días en el hotel.

I: ¡Qué oportuna!

AD: Hay personas que les pasa que nunca tomaron vacaciones y de repente...

I: ¡Engriparse en Brasil en carnaval!

MOM: Logra encerrarse en el hotel y aburrirse, de nuevo creó la situación, sea donde sea.

MOM: Fueron unos carnavales de Brasil muy aburridos.

AD: ¡No sé que le encuentran a los carnavales!

MOM: Pasa mucho, con los candidatos a psicoanalista pasa muchísimo, el psicoanálisis es trabajo y entonces ellos trabajan de psicoanalistas para ahorrar un poquito de dinero para ir a vivir.

AD: Están esperando llegar a algún lugar para empezar a vivir.

MOM: Aprovecha que te dejo libre cinco minutos, si cuando vengo estás hablando te dejo.

AD: La fuente de esta energía, entonces, proviene de la pasión narcisista. Su enlace con el complejo de Edipo que es una sublimación, por eso decía que se trata de identificación y sublimación. El complejo de Edipo es como un retoque de la identificación, por eso se llama identificación secundaria, como si se tratara siempre de la misma, Freud lo llama la identificación, dice proceso de identificación, y tiene varios tiempos. En el tiempo del complejo de Edipo o de la identificación secundaria, también se denomina así, es en el que consigue identificarse con su rival, el primero es rivalizando consigo mismo, la segunda es con un semejante. No deja de ser la una sin la otra. Luego vamos a ver en el tiempo lógico que en realidad el momento de concluir es el momento de concluir el tiempo para comprender y ahí se instala el instante de la mirada. Son tres tiempos del tiempo lógico, tres tiempos del movimiento lógico de constitución del sujeto o de la constitución de una posición determinada.

La secundaria no puede ser sin la primaria pero en realidad tampoco la primaria puede ser sin la secundaria, es un movimiento en el cual juegan los diferentes tiempos. Luego cuando Freud habla de identificación distingue: identificación primordial, antes de toda elección de objeto, identificación al objeto e identificación al deseo, como los tres tiempos. Es algo diferente a hablar de la identificación primaria y la identificación secundaria como la formación del yo y el complejo de Edipo. Pero tiene que ver con que en la identificación primordial se inicia la formación del Ideal del Yo, que esta identificación secundaria del complejo de Edipo es como si fuera el momento de concluir la fundación del Ideal del Yo, y el Ideal del Yo es pacificante, es civilizador. En realidad antes, el Yo Ideal o la identificación con el propio cuerpo, es totalmente de rivalidad, rivalizo conmigo mismo a muerte, o es mi imagen o soy yo. En cambio el Ideal del Yo es el que legisla esta relación, este narcisismo del Yo Ideal. Este Ideal del Yo dice es una normatividad cultural ligada desde los albores de la historia a la Imago del padre, tiene que ver con la Imago del padre el Ideal del Yo. En Totem y Tabú Freud lo hace derivar del acontecimiento mítico del asesinato del padre y la dimensión subjetiva que le da su sentido, la culpabilidad, por eso habíamos diferenciado agresividad de tensión de culpabilidad, una pertenece a la Imago del padre y otra es a la Imago del cuerpo fragmentado. La agresividad tiene que ver con la Imago del cuerpo fragmentado, la culpabilidad tiene que ver con la Imago del padre. Entonces la identificación Edípica es aquella por la cual el sujeto trasciende la agresividad constitutiva de la primera individuación subjetiva, la primera vez que encuentro los límites de mi individuación, que me posiciona frente a mi doble en competencia desleal, en rivalidad permanente, ahí donde eso me permite asumir el prójimo, el lugar del prójimo, el objeto y el yo.

I: ¿Ese momento sería más proclive a la envidia?

AD: O que cuando uno está en estado de envidia, está en aquella situación, porque no es que haya sólo una parcialidad, uno tiene los dos tiempos, porque es desde un sujeto constituido que se habla, porque, soy semejante a aquél a quien al fundarlo como hombre, doy fundamento a reconocerme como tal.

MOM: Así de sencillo, repítelo que es muy sencillo.

AD: Sí, soy semejante a aquél a quien al fundarlo como hombre, como ser humano, doy fundamento para reconocerme como tal, por eso que si no tengo hermanos, si no tengo otros no soy, yo le doy la categoría de otro pero sólo para que desde ese otro yo me reconozca, no hace falta ni que e otro me reconozca, si ya estoy entretenida en que el otro me reconozca, ya estoy en la posición de rivalizar conmigo mismo.

I: Es más dar el lugar que otra cosa.

AD: Tengo que reconocerle al otro y ahí, en el mismo acto, yo me reconozco con él.

MOM: Claro, reconocer que en la Escuela se forman otros psicoanalistas que yo mismo, ahí soy psicoanalista y además me rodeo de psicoanalistas, si estoy rodeado de ignorantes y quiero ser un psicoanalista, en la misma Escuela donde lo único que se pueden formar son ignorantes para hacerlos más ignorantes y en cambio a mí me están formando como psicoanalista.

AD: Ahí estoy rivalizando conmigo mismo. Hay un momento donde eso tiene que pasar, pero tiene que durar un instante, el tiempo para comprender que no es así. Hay un momento donde creo que soy yo la única que estoy en formación y los demás no, pero si no sigo el movimiento lógico, si no me apresuro.

MOM: Sobre todo cuando yo viajo, cuando yo no viajo usted piensa somos los dos...

AD: Claro, menos mal. Sólo los psicoanalistas en su psicoanálisis pueden poner en cuestión esta cosa del yo, de la creencia del yo, de no equivocar el yo con el sujeto, no equivocar la Imago del cuerpo fragmentado con la Imago del padre, o el movimiento, en el tiempo del movimiento de un nivel con otro nivel. Dice una frase aquí Lacan: "El Yo en nuestra experiencia (en la experiencia analítica, no en la de cada uno), representa el centro de todas las resistencias a la cura de los síntomas". Y yo traje que Freud en Inhibición, Síntoma y Angustia habla de cinco tipos de resistencias y atribuye tres resistencias al yo, una al Superyó y otra al Ello; las tres del yo dice que son la resistencia de la represión, la resistencia de la transferencia, que es semejante, la equipara pero dice que es un suceso de la situación analítica y la ventaja de la enfermedad, que es de una naturaleza distinta a las anteriores y que se basa en la incorporación del síntoma al yo, por eso que el yo en nuestra experiencia...

MOM: Bueno, a todas las personas que uno dice "tiene personalidad", les pasa esto.

AD: Claro tiene incorporado el síntoma al yo...

MOM: Si tienen fuerte personalidad, tienen el síntoma atado fuertemente al yo.

AD: De los síntomas, porque luego están los que no pueden tolerar el éxito, que es una resistencia del Superyó, que buscan el autocastigo y que, si les curas, se buscan una enfermedad y si les curas de esa enfermedad, se buscan una desgracia, y si les curas de la desgracia...

MOM: Estamos rodeados.

AD: Dice, renuncian a todo lo que les da satisfacción o alivio. Bueno no, a todo lo que les da satisfacción y alivio del síntoma, es el yo, y a todo lo que les da satisfacción y alivio de tener éxito, que todo vaya bien, de que eso sea alivio, del Superyó. La resistencia del Superyó tiene que ver con la necesidad de castigo. En la resistencia del yo, la ventaja de la enfermedad que incorpora los síntomas al yo, ahí cualquier cosa que le alivie la situación o le de una satisfacción que no tenga que ver con el síntoma es eludido, alejado, se rebela contra toda esa situación, pero hay un movimiento hacia el éxito que está cerrado, hay gente que se opone a que le cure el psicoanálisis, eso tiene que ver con una resistencia del Superyó, que es la conciencia de culpa o la necesidad de castigo. Vieron, de nuevo diferente la agresividad de la culpabilidad, la culpabilidad, la cuestión del Superyó te lleva a una situación y la situación del yo te lleva a otra, la resistencia en el yo es a un nivel diferente que la resistencia del Superyó.

MOM: que no se puede elegir, ahora voy para el Superyó, ahora voy para el yo, sino que el yo y el Superyó...

AD: Está todo.

MOM: Está todo, claro.

AD: En todos sucede eso, en todos hay las cinco resistencias. La del Ello es elaboración, que todo pasa por la condensación, desplazamiento, puesta en escena y elaboración secundaria y si no, no hay.

I: Se resiste a eso quieres decir.

AD: Se resiste ¿a qué?

I: Que el Ello se resiste a la elaboración.

AD: Es que la elaboración es una resistencia.

I: La elaboración es una resistencia del Ello.

AD: Es un trabajo digamos.

I: Que el Ello se resiste, el Ello se resiste a la elaboración.

AD: Es que el yo no se resiste, el Superyó no se resiste, son tres resistencias del yo, pero es que el yo...

I: Están determinadas por la relación con tal cosa.

AD: No, no, no, que son, la resistencia de la represión, resistencia de la transferencia y ventaja de la enfermedad, no que el yo se resiste.

I: No, el yo es sede.

AD: Esas son del yo.

I: Que el yo es sede y ¿el otro es sede en el Ello?, no entiendo bien cómo es la resistencia del Ello.

AD: Que no hay nada que suceda sin trabajo del inconsciente, por ejemplo, cuando Freud trabaja en Más allá del principio del placer se sorprende de que un sujeto que haya venido de la guerra sin ninguna lesión, sin embargo, sueñe con el momento del trauma y en un momento dice, eso es elaboración, resistencia del Ello. Ha quedado trastocado hasta el sueño, podríamos pensar, que la lesión ha sido lesión del soñar, pero no, dice es que hay también resistencia del Ello. Resistencia en realidad es trabajo, trabajo del yo, hay tres trabajos que tiene que hacer el yo, tres trabajos que hace, la represión es por condición que sólo puede retornar como retorno de lo reprimido, no puede retornar de otra forma. Es mejor que lo aclaremos porque si no parece que hay un yo que se resiste.

I: No, un yo que es sede de esa resistencia, como es sede de la señal de angustia...

AD: Sede tampoco porque ya lo estás espacializando.

MOM: Yo creo que lo pueden entender si ustedes se acuerdan de los recuerdos encubridores, esa es la manera de entender, el recuerdo encubridor es una producción del Ello para despistar.

AD: Con elaboración, se resiste a decirlo todo, cuando Freud dice: me veo de jovencito corriendo detrás de una niña que lleva una flor y le arranco la flor y luego interpreta "desfloramiento". Pero se resiste a mostrarse tal cual, sólo se muestra con elaboración.

MOM: Yo creo que hasta se podría meter el falso reconocimiento y el volver a ver (Déjà vu).

AD: Y el Déjà raconté.

MOM: Y el Déjà raconté se podría ver dentro de esto que estamos hablando, que son las elaboraciones del Ello pero como resistencia, como resistencia a la producción de sentido inconsciente.

AD: Necesaria, la resistencia como elemento necesario.

I: No resistencia de que resiste...

I: Claro porque el Ello no se puede resistir.

I: Me parece que no es una resistencia que se resiste, es una insistencia, la resistencia es cuando se insiste para que se muestre...

AD: Ya, pero esa es la resistencia del análisis, esa es a analizarse, no le dejas analizarse, pero luego hay resistencias del aparato.

MOM: Después por ejemplo hay resistencias de la represión, ahí se entiende, cuando dice, es que hay lugares que son muy claros, resistencia de la represión dicen.

AD: De la represión, no del yo.

MOM: Es decir que el concepto de represión va a poner una resistencia.

AD: Es resistencia, la transferencia es resistencia, en ese sentido que es necesaria la transferencia para que se exprese algo, es necesaria la represión para que se exprese algo, es necesaria la elaboración para que se exprese algo, para la expresión.

MOM: Pero lo que se expresa no es lo expresado.

I: Al mismo tiempo es resistencia, se podría decir.

AD: Son cinco tipos de resistencia, estamos hablando de resistencia, no hay un sujeto que se resista, eso no existe.

I: Son funciones que al mismo tiempo que funcionan, funcionan como resistencia.

AD: La represión es una resistencia.

MOM: Claro cuando la profesora dice no hay sujeto que se resista, quiere decir, para que ustedes entiendan. No es que ustedes no quieren psicoanalizarse, está diciendo eso.

AD: Ni que se resistan a analizarse.

MOM: Lo que pasa es otra cosa, que tendrán que ver qué es, no es que no tengan deseos de analizarse.

AD: Pero tienen que aceptar que existe la represión.

MOM: o de estudiar psicoanálisis.

AD: La resistencia, ventaja de la enfermedad, la elaboración...

I: La resistencia del Ello sería la que haría al trabajo del sueño.

AD: Claro, que el trabajo del sueño da cuenta de esa manera de trabajar del inconsciente, es el paradigma o es el ejemplo ejemplar del funcionamiento psíquico, que ocurre cuando hablo. Neuropsicosis de defensa, nadie ha dicho que haya un yo que se defienda, pero luego se terminó hablando de eso.

MOM: En realidad la desgracia del yo es que lo padece todo.

I: Es sede de efectos.

AD: No, sería a nivel del yo.

I: Eso.

AD: Pero sede.

I: Sede no tiene por qué ser un lugar...

I: Que sede da lugar a que parece que va a ir ahí a parar y esto es parece que es más...

I: Lugar de la manifestación.

AD: Formas, podríamos decir, formas yoicas.

I: Con sede quería decir que es donde salta, que el yo es la sede de la angustia no que procede del yo la angustia.

AD: No es sede de la angustia.

I: Es el lugar de la señal.

AD: Da la señal para el sujeto y la angustia no es ni el yo ni el sujeto, siempre hay que separarlo y cuando Freud dice palabras es por algo, marca alguna diferencia, cuando dice "resistencia de la represión" y "resistencia de la transferencia" y dice que es de la misma naturaleza pero que uno acontece en análisis, es diferente, decir ventaja de la enfermedad o decir resistencia del Ello o del Superyó.

MOM: Claro, cuando él habla de resistencia de la represión está hablando de un concepto general de la vida anímica y cuando está hablando de la resistencia en la transferencia está hablando del método psicoanalítico.

I: En la sesión.

AD: De la resistencia de la transferencia en análisis.

I: Claro, porque la ventaja secundaria de la enfermedad cualquiera se la señala a otro también aunque no esté en tratamiento.

MOM: Claro, a ti te conviene ser paralítico.

I: Sí o por lo menos ya está incorporada.

AD: Pero vieron que es diferente cuando marca aquí, dice que están incorporados los síntomas al yo, que no dice de la ventaja de la utilización, por ejemplo, uno puede decir "fulano de tal saca la ventaja de no ir a trabajar y percibir un sueldo por estar enfermo", eso es una ventaja de la enfermedad pero aquí eso no es resistencia, ventaja de la enfermedad ni secundaria ni primaria, ventaja de la enfermedad, es decir, incorpora los síntomas al yo, forman parte de la personalidad, forman parte de su yo.

I: Soy eso, tengo esos rasgos.

AD: Soy eso, ese es mi yo.

MOM: Eso es lo que se llamaba psicópata, se le llamaba psicópata al que no era capaz de reconocer un síntoma como síntoma sino que decía "yo soy así".

AD: Y se resiste a cualquier cambio de ese síntoma.

AD: El otro día me comentaron de un caso de una persona que lleva diez años en análisis y sigue con no sé qué síntomas, son síntomas para el que lo ve, para él no son síntomas, él lo exhibe, habla de ello y se vanagloria, para él son brillos, brillos de su yo.

I: Su manera de ser.

I: Pero no lo ve cualquiera.

AD: ¿No lo ve cualquiera que son síntomas? No sé, son síntomas que cualquiera diría que son síntomas. Quiero decir, que el único ciego es el que lo tiene incorporado, bueno hasta llegaron a decir en psicoanálisis ¿qué es el psicoanálisis? es aquél que te deja con tus síntomas y estás contento, con tal de decir algo en contra del psicoanálisis. Pero en realidad es una ventaja de la enfermedad a nivel de la resistencia del yo, que luego uno puede decir ventaja de la enfermedad a otro nivel o trabajar otra cuestión. Yo a veces digo que la enfermedad es utilizar los síntomas.

MOM: Esto es importante en el sentido de que estamos viendo que ya decirle a algún psicoanalista, mira tienes que cambiar de personalidad para poder entender esta cuestión, ya es un pecado grave, en el sentido de que se le está acusando de tener personalidad.

AD: Tener resistencia del yo, ha incorporado.

MOM: Ha incorporado a su yo, síntomas.

AD: Cosas que cualquier neurótico dice que son síntomas. La ventaja de la enfermedad es resistencia, luego podemos hablar de otra cosa, o la elaboración como otra cosa, no como resistencia, o la represión como otra cosa.

MOM: Cuando llegamos a una conclusión fuerte usted dice que hay otra cosa.

AD: Yo suelo decir eso que digo de pasada para llegar a otro lugar pero siempre nos detenemos en el puente, yo tiro un puente para llegar a un tema y empiezan a preguntar por el puente.

MOM: Sí, pero bueno.

AD: No, pero es sugerente.

I: Pondrás muy grande la foto del puente, o muy pequeñita y te van a preguntar por eso. Bueno, el Aserto no lo vemos hoy.

AD: No hemos llegado.

MOM: La vez que viene, y así lo estudiamos bien.

AD: Es muy importante que demos lo del tiempo lógico, porque nos va a permitir hacer après-coup de todo lo anterior también.

MOM: Pero no ha terminado todavía.

AD: Esta cuestión del momento narcisista acontece no solamente en el tiempo de inauguración de la formación del yo, sino en todos los tiempos de crecimiento, momentos narcisistas en el sujeto, donde tiene que aparecer la frustración libidinal, una transmutación de la libido y una normatización, una sublimación normativa en todos ellos. Son pasos, los ejemplos típicos que pone de destete, edipo, pubertad, maternidad, luego están los ejemplos extraordinarios y singulares de cada uno.

MOM: Casarse.

AD: Como cualquier otro, licenciarse, trabajar por primera vez.

MOM: Para qué tanto ejemplo, para decir qué.

AD: Que no es una cosa solo de entonces, que hay un instante de ver, de la mirada del tiempo narcisista, pero que es un suceso de siempre. Es como el estadio del espejo, sirve para hablar de la formación del yo, pero también sirve para cualquier paso que dé de formación, porque significa la formación de algo, cuando yo quiero ser algo...

MOM: Cada vez que la presencia del otro implica una marca.

AD: Cada vez que necesito al otro para formarme.

MOM: Cada vez que la presencia del otro implica una marca, acontece la agresividad y el narcisismo, eso estamos diciendo, fase del espejo. El lenguaje, el casamiento, el servicio militar, el fracaso del partido socialista.

AD: Terminar la universidad.

MOM: Casarse, divorciarse.

I: Casarse ya apareció varias veces.

MOM: Tener hijos, no tener hijos, que es muy interesante.

AD: Casarse es el paradigma del compromiso.

MOM: Además acuérdense que Schreber cuando lo nombran director de no sé qué, ahí hace el brote.

AD: Ahí hay tensión agresiva.

MOM: Es un momento imaginario a mi entender, donde el otro tiene sobre mí todo el poder, por eso que lo único que quiero es aniquilarlo. Ahí es donde surgen esos dos componentes fundamentales en el desarrollo, la agresividad y el narcisismo.

AD: En un paciente cuando quiere ser psicoanalista, hay una agresividad constante con el psicoanalista. Cuando no está eso en juego, los pacientes que no quieren ser psicoanalistas van a una velocidad…

MOM: ¿Cuando quieren ser psicoanalistas?

AD: Cuando no quieren.

MOM: Ah.

AD: Van tranquilamente, son felices.

I: El que quiere ser, es "o tú o yo" todo el tiempo.

AD: Claro, cuando tu ocupas un lugar que puede ser su propio cuerpo, su propia imagen, cuando eres eso que él quiere ser, cuando forma parte de él ese lugar.

MOM: Claro, tienes razón a nivel muy sencillo. La frase "a mí me pasa lo mismo que a usted" dicha a un paciente que no quiere ser psicoanalista, el tipo te dice "sí pero usted estudió mucho". En cambio la frase "a usted le pasa lo mismo que a mí", dicha a un candidato a psicoanalista es suficiente como para que el tipo ahí modifique todo lo que dices.

AD: Lacan dice que el máximo nivel de agresividad se da en el Didáctico, con Menassa, nosotros con Menassa, en relación al Didacta.

MOM: Tengo que darles una noticia, tu me lo trajiste ahí, que creo que hay un problema grave con Menassa. Yo como supervisor de la Institución, como Director de la Institución, lo que leo es un problema grave. Ahora la Editorial le va a publicar a Menassa "40 años en la Poesía 1961-2001", una antología. Entonces a mí se me ocurrió que con todo aquel que participe en alguno de los Talleres de Poesía o de Freud o de Lacan, o que esté en contacto con la Escuela, ir fabricando una publicación de aquí al año 2001, porque se van a publicar en el año 2001, tanto la Antología como este libro que yo les digo, donde ustedes intentan una elaboración por escrito de la relación que tienen con Menassa y el libro se va a llamar "40 años en la vida y la obra de un creador". Ustedes escriben trabajos como mínimo de 20 páginas, después se leen esos trabajos y se ve si se pueden publicar o no se pueden publicar, yo creo que se van a poder publicar.

I: Una elaboración ¿de qué?

MOM: De la relación con Menassa, por escrito como a Menassa le gusta, como Menassa dice que tiene que ser.

I: ¿Y qué es la relación con Menassa? Es dificilísimo eso.

MOM: En eso consisten las veinte páginas.

AD: Pero como ha dicho que escribir te da otra dimensión...

MOM: La vida y la obra y además escribir, te pone en otro sistema.

AD: Es con la escritura que lo vamos a hacer, o sea que no lo tenemos ni que tener todavía, lo vamos a producir.

MOM: Entonces fabricamos la posibilidad de escribir un libro que se pueda vender y fabricamos una interpretación.

I: Uno puede querer contar una anécdota, por ejemplo.

MOM: Total, a Menassa lo vi y le chupé el dedo gordo en el rincón de... y eso hizo que a partir de ahí descubriera el horizonte de la palabra. Cualquier boludez y después supongo que alguien trabajará seriamente la obra y a lo mejor eso tiene relación con la vida.

AD: O las dos cosas, la vida y la obra.

I: Junto datos....

AD: ¿Cómo se llama la que hizo la vida de Lacan?

I: Elisabeth Roudinesco.

MOM: Claro, si te salen 100 páginas ya es una novelita corta, si te salen doscientas ochenta páginas ya es una novela en todo su sentido, si la escribiste bien. Fracaso total, hoy avisamos que íbamos a publicar. Bueno, cualquier tratamiento psicoanalítico desarrollado narrativamente puede implicar un nuevo tipo de literatura. Cuando yo digo que postergamos el Congreso de Medicina y Psicoanálisis para Febrero del 2000, entonces en Febrero de 1999 lo que vamos a hacer es un encuentro Clínico, con Casos Clínicos, pero en lugar de dos páginas como en los Congresos, como hay sólo Casos Clínicos, el caso es de 6 páginas, donde el psicoanalista fundamenta además por qué tomó ese paciente o qué le pasa a ese paciente o qué cree que le pasa. En 6 páginas se puede desarrollar y hacer directamente una publicación con eso y después la intervención de la supervisión si la hubiera y también a ese momento invitar a la gente de Buenos Aires, a todos nosotros. Un Congreso-Simposium interno, donde yo presento un caso clínico, lo voy eligiendo ya y el Caso Clínico mismo me da patrones de existencia, es decir, es una depresión, cs un alcohólico, es un no sé qué aunque después todo esto esté equivocado y esté mal y yo no tenga que hacer diagnóstico. Lo hago y voy estudiando esas cosas y voy escribiendo un texto. 60-70 páginas y eso es un libro, donde no tengo que inventar nada, tengo que ver si lo que yo digo del paciente coincide con la teoría ya establecida, Freud, Lacan, Menassa o no sé quién. Porque el problema es cuando quiero inventar, cuando quiero inventar no desarrollo la escritura, entonces no puedo inventar, el invento es una propiedad de la escritura no del sujeto, entonces yo para que haya invento tengo que someterme a la escritura, la tengo que buscar, estas son las formas. Ya presento un caso clínico, ya son 6 páginas, el caso presenta la fobia, bueno voy a estudiar la fobia, veo lo que tengo que explicar de la fobia. Las 6 páginas que presenté a la audiencia se transforman en 15-20 páginas del caso clínico y si no lo puedo hacer es porque tengo miedo de no dar el nivel, la talla, entonces tengo que enterarme ¿para qué? Para ir haciendo los aprendizajes para poder, tengo que ver a ver si doy la talla, a ver si juntando cuatro o cinco libros me sale algo coherente o me sale una cagada, si me sale una cagada no hay que desesperar.

AD: Porque sin hacerlo, decir que no doy la talla es frente a mi imagen, rivalizando que puedo o no puedo. La agresividad, es decir previamente.

MOM: Después, por ejemplo, la posibilidad de darse cuenta de lo que son las realizaciones. Yo realizo un poemario que a usted no le gusta, a mí no me importa, usted no me lo publicará, pero yo ya tengo un poemario escrito, ya hice esa experiencia, ahora voy a escribir el segundo poemario, aunque usted no me lo publique, ya tengo dos poemarios, por ahí para el cuarto poemario, ya corregí los defectos. Pensarlo con los besos y vas a ver, no es que la vas a besar bien cada vez que ella te responda bien, vos la tienes que besar bien siempre y alguna vez embocarás, y alguna vez coincidirá. No porque ella te besa mal un día, tú ya la besas mal. Que las cosas se hacen bien aunque el otro no reconozca que estoy haciendo las cosas bien, a ver si las cosas se hacen bien o mal según el otro me reconozca o no me reconozca, bueno y además con lo que vimos hoy, el que me reconoce es una fundación propia mía, por lo tanto tenemos que aceptar que si me persiguen yo he creado un perseguidor. Continuamos la próxima.

I: Muchas gracias.

Esta obra se terminó de realizar
en Pinares Impresores, S.L.
en Mayo de 2017

EDITORIAL GRUPO CERO
C/ Princesa, 13, 1° Izq. - 28008 Madrid, España - Teléfono 917 581 940
www.editorialgrupocero.com

www.ingramcontent.com/pod-product-compliance
Ingram Content Group UK Ltd.
Pitfield, Milton Keynes, MK11 3LW, UK
UKHW022010190726
13853UKWH00004B/1849

9 788497 55000